한국의 사라진 대기업

박상익 서동우 하성진 | 공저

제 2판

한국전자도서출판
Korea eBook Publishing Company

저자 소개

박 상 익

연세대학교 경영학과 겸임교수, SK하이닉스, 한국전력공사, 삼성SDI, KT 강사로 활동 중이다. 서울 한영고등학교를 졸업하고, 연세대학교 경영학 학사, 연세대학교 경영대학원 마케팅 석사, 고려대학교 경영대학원 유통전문가과정 1기 수료, 건국대학교 일반대학원 벤처전문경영공학 박사 학위를 취득하였다.

롯데그룹 공채 20기로 롯데그룹 기획부, 홍보부, 롯데백화점 기획실, 롯데유통정보연구소, 최연소 롯데백화점 점장, 롯데마트 점장을 역임하였다. 한국미스터피자 대표이사, 제너시스그룹(치킨브랜드 'BBQ치킨') 이사, 파라다이스그룹 쉐라톤워커힐호텔카지노 마케팅팀장을 역임하였다. 중소기업청 소상공인진흥원 평가위원, 서울특별시 통상산업진흥원 경영컨설팅위원으로 근무하였다.

저서로는 〈프랜차이즈 실무경영〉, 〈유통경영론〉, 〈전자상거래와 물류관리〉, 〈소상공 창업실무〉, 〈프랜차이즈로 CEO되기〉 외 40여 권이 있다.

서 동 우

출판그룹 한국전자도서출판의 회장, 굿윌스경영컨설팅 대표이다. 기업인, 시인, 경영컨설턴트로 활동 중이다. 서울외국어고등학교 프랑스어과를 졸업하고, 연세대

학교 경영학 학사, 중국 북경대학교 대외한어과를 수료하였다.

2012년 단편시 "사랑이란 이름의 고생"으로 등단하였고, 대학교 및 기업, 라디오에서 경영학 및 문학 강의를 하고 있다. 출판그룹 한국전자도서출판 대표이사, 아트브릿지코리아 대표, 명진생활건강 마케팅이사, 도서출판 희망나래 편집장을 역임하였으며, KB국민은행, 굿딜컨설팅에서 근무하였다. 북경대학교 중문과 한국문학 강의보조, 2015-2016 대한민국 청년창업 멘토, 한국경영혁신진흥원 외부강사로 활동하기도 하였다.

저서로는 〈21세기 인터넷 마케팅〉, 〈외식프랜차이즈 성공트렌드〉, 〈한국의 사라진 대기업〉, 〈한국의 슈퍼마켓〉, 〈한국 전통시장론〉, 시집 〈눈물 - 희미해진 사랑의 기억〉, 〈바람 - 흘러가는 바람 속에서〉, 〈세상 - 세상을 바라보는 시선〉 등이 있다.

하 성 진

하성물산 상무이사, 크리엑티브컨설팅 경영컨설턴트로 활동 중이다. 서울 영동고등학교를 졸업하고, 연세대학교 경영학 학사를 졸업하였다.

진도모피에서 총괄MD, 하성물산 마케팅부장을 역임하였으며, 끌레베, 엘페, 정글통신에서 근무하였다. 연세대학교 금융연구회 연금회 공동창립자, 바른사회시민회의 의회 의정감시단으로 활동하였다.

저서로는 〈한국의 사라진 대기업〉, 〈외식프랜차이즈 성공트렌드〉가 있다.

머리말

"Made in Korea"란 글자는 이미 세계시장에서 반도체, 조선, 철강, 자동차, 휴대전화, 건설, 게임, 화학을 비롯한 산업분야에서 '일류'로 불린다. 그러나 한편으로는 이러한 글로벌기업이 탄생하기까지 탄생과 몰락을 거듭한 '사라진 대기업'에 대해서도 관심을 가질 필요가 있으며, 실패한 대기업들의 선례(先例)를 통해 교훈과 마음가짐, 새로운 경영전략을 찾으려는 자세도 필요하다. 그러나 사라진 대기업, 즉 파산한 기업과 도산 직전의 기업에 대한 자료는 해당기업 관계자가 아닌 이상 외부에서는 구하기 매우 어려운 실정이다. 이를 해결하고자 공동저자 일동은 수년 간 한국의 사라진 대기업에 대한 사례를 모으고 분석하였다. 이 과정에서 연세대학교 학부 및 대학원생, 기업관계자 여러분, 언론사 보도자료, 기업 연구논문, 출간서적을 이용하였음을 밝힌다.

기업이 망한다는 것은 곧 수많은 사람들과 관계사들, 여러 제품과 서비스가 하루아침에 존재하지 않게 된다는 말이며, 이것은 경영학의 길을 걷는 저자 일동으로서, 또한 사회인으로서도 크나큰 '죄악'이라고 생각한다. 도산했거나 도산직전의 여러 국내 대기업들의 사례에 대해 이 책에 서술된 내용을 살펴보면서, 독자 여러분은 과거의 실패를 거울삼아 앞으로의 교훈을 얻으려는 '반면교사(反面教師)'의 마음가짐을 가져주셨으면 한다. 또한 지금은 인지도가 낮거나, 사라진 기업들이지만, 한때는 그들이 한국경제를 움직이고 대한민국을 이렇게까지 세계에 우뚝 발돋움할 수 있게 한 위대한 기업들이었다는 점을 결코 잊지 말아주셨으면 한다.

끝으로 관련 기업에 종사하였거나 관계자 분들께는 심심한 사죄의 말씀을 드리며, 부디 이 책이 대한민국의 경제와 사회, 더 나아가 정치와 역사에 있어서까지 좋은 밑거름 역할을 해주기를 기업인, 학자, 사회구성원으로서 간절히 바라는 바이다.

2016년 7월

공동저자 박상익, 서동우, 하성진

차 례

대기업에 대해서

대기업이 한국 경제에서 차지하는 비중은 절대적이다. 자산기준 상위 10대 그룹의 자산과 매출액은 국내총생산(GDP)의 84% 수준에 달할 정도다. 62대 그룹의 자산 규모가 국가자산의 58% 가량을 차지한다는 연구 결과도 있었다. 여기에 정치 · 경제 · 사회 · 문화 등 제반 분야에서의 역할을 종합한 질적인 부분까지 고려하면 측면에서의 재벌기업의 비중은 더욱 커진다. 따라서 재벌의 흥망은 단지 해당 기업만의 문제가 아니다. 국가는 물론 국민생활과도 직결되어 있다.

그런 재벌기업들이 지금의 모습을 갖추기까지 숱한 흥망성쇠의 역사를 거쳐야 했다. 하루아침에 뒤안길로 사라진 기업이 있는가 하면, 반세기 이상 재계를 호령하고 있는 기업도 있다. 그렇다면 과연 어떤 재벌이 흥하고 망했을까?

재벌기업의 태동

국내에 '재벌기업'이 태동하기 시작한 건 해방 이후부터다. 당초 우리 산업계에서 명함을 내밀 수 있던 기업은 김성수 창업주의 '경성'과 백락승 창업주의 '태창' 정도였다. 이들은 광복을 맞아 불모지나 다름없는 소비재 산업을 선점하기 위해 앞다투어 확장에 나섰다. 이를 통해 최초의 한국 재벌기업의 형태가 나타났다.

또한 이와 비슷한 시기에, 오늘날 잘 알려진 삼성과 현대, LG의 모태기업과 창업주가 생겨났다. 정미소와 제면소로 돈을 번 이병철 삼성그룹 창업주, 쌀가게 배달원을 거쳐 자동차 정비소를 했던 정주영 현대그룹 창업주, 포목상으로 기반을 닦은 구인회 LG그룹 창업주가 대표적이다.

이들을 비롯한 재벌가 1세대들은 광복 직후 서울로 근거지를 옮기고 세력을 확장해 나갔다. 이양구 동양 창업주, 서성환 태평양화학 창업주, 전중윤 삼양식품 창업주, 박용학 대농 창업주, 최태섭 한국유리 창업주, 서선하 삼흥실업 창업주, 조홍제 효성 창업주 등이다.

부산에는 양태진 국제상사 창업주와 장경호 동국제강 창업주, 정태성 성창기업 창업주, 김인득 벽산 창업주, 강석진 동명목재 창업주 등이 터를 일궜다. 또 광주에선 박인천 금호 창업주, 인천엔 조중훈 한진 창업주, 대전엔 최준문 동아건설 창업주 등이 각각 둥지를 틀었다.

일본에서는 이원만 코오롱 창업주와 김철호 기아 창업주, 서갑호 판본 창업주, 신격호 롯데그룹 창업주, 김한수 한일합섬 창업주, 김향수 아남 창업주 등이 자수성가해 마련한 자금을 가지고 국내투자를 준비하고 있었다.

최초의 대기업은 바로 '태창'

해방 직후부터 6·25전쟁 이전까지는 태창의 세상이었다. 백락승 창업주는 태창방직과 태창공업, 태창직물, 조선기계 등 여러 기업을 거느리면서 한국 최초의 부호의 자리에 올랐다. 그러나 이들 기업 대부분은 6·25전쟁을 기준으로 전후에 쇠퇴의 길을 걷는다.

1세대 부호들이 본격적인 세력확장에 나선 건 1950년대 중반부터다. 당시 삼양사를 비롯해 LG화학의 전신인 락희화학공업, 금성방직, 현대건설, 제일제당 등이 눈에 띄는 행보를 보였다. 1960년에는 삼성이 재계 선두로 올라섰다.

당시 공식순위를 보면 삼성에 이어 삼호와 개풍, 대한, 럭키, 동양, 극동, 한국유리, 동립산업, 태창방직 등이 10위권을 형성했다. 그러나 이들 기업 가운데 지금까지도 10위권 내에 사명을 올리고 있는 건 삼성과 LG(과거 '럭키금성') 두 곳이 전부다.

한 경제전문가는 "지난 1950년대나 1960년대에 재벌급에 속했던 기업들 중 지금도 정상재벌급인 기업은 별로 없다."며 이는 "급변하는 기업 경영환경 속에서 기업 간 경쟁이 치열했고 경쟁에서 탈락된 기업들은 도태될 수밖에 없었기 때문"이라고 설명했다.

남아있는 재벌의 현재 재계 순위는?

지금까지 수많은 재벌이 생겨났고 얼마 지나지 않아 기업은 무너졌다. 살아남은 부호들도 극심한 격랑 속에서 침몰을 거듭해야 했다. 이런 격변의 세월 속에서 지금까지 재계 정상을 지키고 있는 기업은 많지 않다. 겨우 '삼성 · 현대 · SK · LG · 롯데 · 한진 · 한화' 일가 정도다.[1)]

먼저 삼성가(家)에선 이병철 창업주를 기준으로 삼남 이건희 회장이 이끄는 삼성그룹(1위)과 삼녀 이명희 회장의 신세계그룹(13위), 이인희, 장손 이재현 회장의 CJ그룹(14위), 외손자 조동길 회장의 한솔그룹(49위) 등이 상위권에 랭크돼 있다.

대가족인 현대가의 회사는 재계 상위권에 많은 비중을 차지하고 있다. 일단 정주영 창업주를 중심으로 삼남 정몽구 회장의 현대자동차(2위)와 사남 정몽준 의원이 최대주주인 현대중공업(7위) 등이 재계 10위권 안에 이름을 올렸다.

이밖에 며느리 현정은 회장의 현대그룹(22위), 손자 정지선 회장의 현대백화점(26위), 조카 정상영 회장의 KCC그룹(33위) 조카 정몽원 회장의 한라그룹(34위), 손자 정몽규 회장의 현대산업개발(40위) 등도 재계 상위권 명단에 올랐다.

LG가에선 구인회 창업주의 장손인 구본무 회장을 필두로 한 LG그룹(4위)과 사돈 허만정씨의 손자 허창수 회장의 GS그룹(8위), 동생 구태회 LS전선 명예회장의 장남 구자홍 회장의 LS그룹(15위) 등이 순위권 내에 포진해 있다.

---

1) 2015년 자료 기준

이밖에 최태원 회장의 SK그룹(3위)과 신격호 총괄회장의 롯데그룹(5위)이 상위 5위권 내를 지키고 있다. 또 조양호 회장의 한진그룹(9위)과 김승연 회장의 한화그룹(10위)이 재계서 '큰형' 자리를 유지해오고 있다.

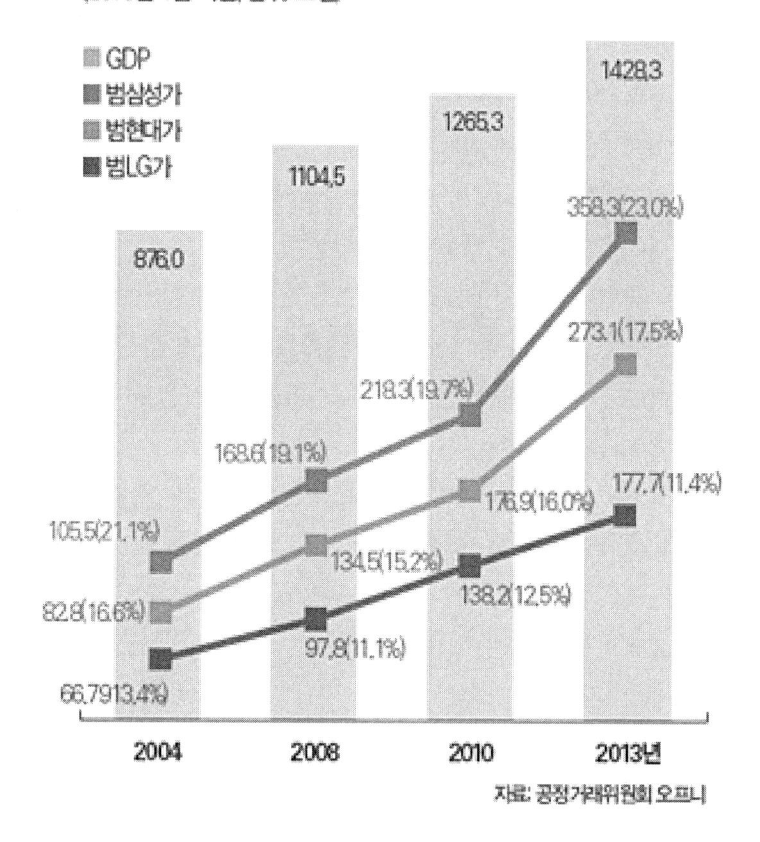

그렇다면, 해체된 대기업은 어디에?

이처럼 반세기 이상 재계의 터줏대감으로 자리매김해온 그룹이 있는 반면, 국내 굴지의 대기업이 해체된 일도 적지 않다. 국제그룹과 동명목재그룹, 명성그룹 등은 정부에 의해 산산조각 났고, 삼풍그룹은 '삼풍백화점 붕괴'라는 대참사 때문에 한순간 망해버렸다. 대부분 대기업의 몰락은 1997년, 국제통화기금(IMF)의 '외환위기'에 집중되어있다. 당시 재계를 호령하던 숱한 대기업들이 역사의 뒤안길로 사라져갔다. '대우 · 쌍용 · 동아 · 삼미 · 한일합섬 · 기아 · 해태 · 대농'이 바로 그 예이다.

먼저 대우그룹은 세계경영을 통해 1998년 삼성과 LG를 제치고 현대에 이어 재계 2위로 올라섰다. 그러나 내실을 외면하고 외환위기에도 외부차입을 통한 기업확장을 계속하다 자금난에 몰렸고, 1999년 워크아웃에 돌입한 후 그룹이 해체되는 아픔을 느꼈다.

마찬가지로 한때 재계 서열 5위에 오르던 쌍용그룹도 1997년 외환위기 당시 무리한 투자에 발목이 잡혔다. 그 결과 주축을 이뤘던 쌍용건설과 에쓰오일(S-Oil)의 전신인 쌍용정유, STX그룹의 모태 쌍용중공업 등이 모두 그룹에서 분리됐다.

기아그룹 역시 외환위기 당시 재계 8위의 기업이었다. 1990년대 아시아자동차와 기아특수강, 기산(건설) 등에 잘못된 예측을 바탕으로 무리한 투자를 단행하면서 부채가 눈덩이처럼 커진 가운데 외환위기가 겹치면서 결국 계열사들은 뿔뿔이 흩어졌다.

동아그룹은 주력 사이였던 동아건설이 외환위기 당시 부실에 빠지면서 그룹이 한순간에 무너졌다. 1998년 동아그룹은 국내 최초로 '기업개선작업 대상기업'으로 최종 확정되면서 한때 재계 10위 자리를 지키던 그룹은 산산조각나고 말았다.

1997년 재계 24위에 올라있던 해태그룹도 전자와 비식품분야로 사업확장을 위해 '인켈'과 '나우정밀'을 인수하는 과도한 투자와 미진금속을 모태로 설립한 해태중공업에서 막대한 적자가 발생하면서 자금난을 겪게 되었고, 결국 부도를 면치 못했다.

이밖에 대농그룹은 1997년 무리한 자금조달에 따른 과잉부채로 그룹이 해체됐고, 한일그룹도 외환 위기로 재정적 어려움을 겪다가 1998년 부도처리된 이후 2007년 동양그룹 계열사로 편입됐다. 삼미그룹도 같은 해 부도처리 되어 법정관리를 받게 되면서 해체 수순을 밟았다.

IMF의 여파로 한국의 기업사회는 그야말로 '쑥대밭'이 됐다. 이후 약 십여 년이 지나면서 상처는 치유되는 듯했다. 그러나 '미국발 금융위기(서브프라임 모기지론 사태)'와 '유럽발 재정위기'라는 혹독한 시련이 다시 찾아왔다. 이로 인해 'STX · 웅진 · 동양' 그룹은 더 이상 재계 상위권에서 찾아볼 수 없게 됐다.

2001년 쌍용그룹에서 떨어져 나온 쌍용중공업을 모태로 설립된 STX그룹은 인수합병(M&A)으로 덩치를 불리며 한때 재계 11위까지 올랐다. 그러나 유럽 재정위기에 주력사업이던 조선과 해운업이 직격탄을 맞으면서 강덕수 회장의 자수성가 신화는 결말을 맺었다.

웅진그룹은 2007년 극동건설을 무리하게 인수하면서 유동성 위기에 몰렸다. 모기업인 웅진이 자금을 지원했지만 '밑 빠진 독에 물 붓기'였다. 버티다 못한 웅진이 결국 기업회생절차를 신청하면서 '맨땅에서 성공한 비즈니스맨, 윤석금 회장'의 성공스토리도 결국 막을 내리게 되었다.

재계순위 38위에 올라있던 동양그룹도 만기를 앞둔 기업어음(CP)과 회사채를 상환하지 못하고 동양을 비롯해 동양레저, 동양시멘트, 동양인터내셔널, 동양네트웍스가 법정관리를 신청, 주요 계열사 및 보유자산을 처분하면서 순위 밖으로 밀려났다.

재계 관계자는 "해체된 그룹들 대부분은 과도한 차입을 통해 무리하게 덩치를 불리는 등 내실이 다져지지 않은 상황에서 외환위기를 맞아 패망을 초래했다"며 "결국 오너의 과도한 욕심이 화를 부른 꼴"이라고 말했다.

굳어진 재계 순위

그러나 과거와 달리 최근 들어서는 몇몇 그룹을 제외하고는 매서운 세계 불황에도 비교적 흔들림 없는 모습을 보여주고 있다. IMF 외환위기라는 '독감'을 앓고 면역체계와 체질개선이 이뤄진 때문으로 분석된다. 재계 순위에도 별다른 지각변동이 감지되지 않았다.

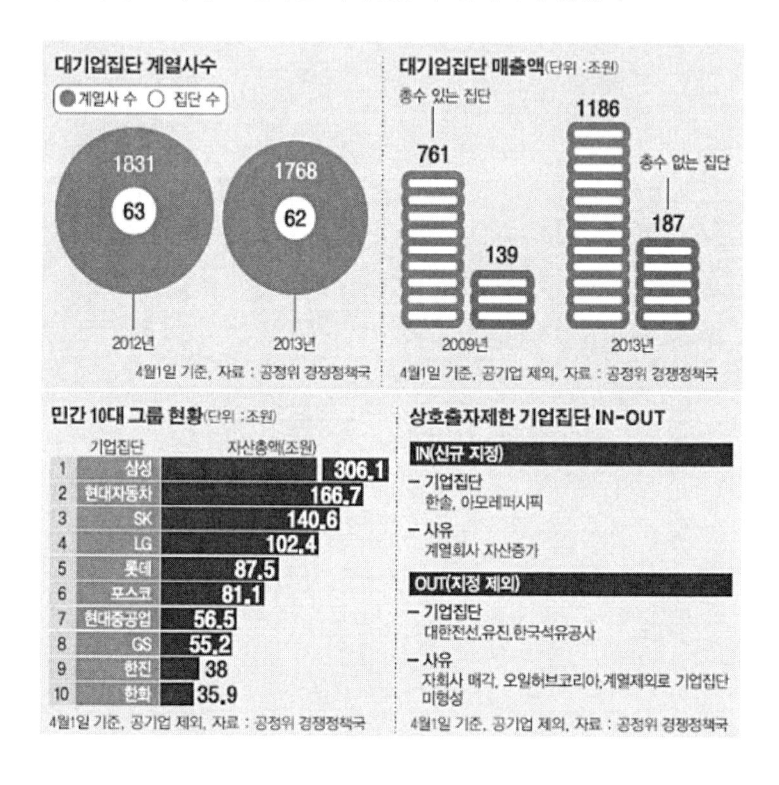

특히 10대 그룹의 경우 수년째 각자의 자리를 고수해오고 있다. 실제로, '삼성 · 현대차(현대기아차) · SK · LG · 롯데 · 포스코 · 현대중공업 · GS · 한진 · 한화' 그룹의 순위는 지난해와 그대로였다.

창업보다 어려운 것은 '수성(守成)'

〈대기업의 경영 3·4세들〉

'사업보국(事業報國, 사업을 통해 나라를 이롭게 한다)'은 국내 대기업들의 창업과 성장 배경에 자리잡고 있는 단어다.

삼성과 현대차, LG, SK 등 현재 국내 굴지 대기업들의 창업주들은 '사업보국'의 정신을 가지고 있었다. 자신의 사업을 성장시키는 것이 결국 국가에 기여하는 일이라고 생각했다. 창업주로부터 가업을 이어받은 2세 경영자들 역시 이 같은 정신에 충실했다.

하지만 최근 이 단어가 가지고 있는 무게감이 현저하게 줄어들고 있다는 평가들이 많다. 경영의 중심이 3·4세들로 넘어가면서다. 어려운 시기에 기업을 일궜던 창업주나 그런 노력들을 지켜보며 성장했던 2세들과 현재 3·4세들이 느끼는 간격은 적지 않다. '땅콩회항'이 주요 대기업들에게 경각심을 주고 있는 것도 사건의 당사자가 한진그룹 오너 일가 3세이기 때문이다. 한진그룹 외에도 많은 기업들에서 이미 오너 3·4세들이 경영에 참여하고 있다. 사업보국의 정신을 습득하지 못한 3·4세대 오너일가의 이기적이고 근시안적인 판단은 그룹 자체를 위험에 빠뜨릴 수도 있는 상황이기에 나라와 국민을 위한 책임경영이 요구된다.

삼성·현대차 등 3세 경영의 본격화

재계 1, 2위인 삼성과 현대차는 3세 경영이 본격화되고 있는 대표적인 기업이다. 이건희 회장이 병상에 있는 삼성그룹은 이미 공식적인 승계를 위한 작업을 상당부분 진행한 상태다. 이재용 부회장은 삼성SDS와 제일모직(옛 삼성에버랜드) 상장을 통해 승계에 필요한 기반을 갖췄다. 대주주 매각제한 기간이 풀리면 이를 기반으로 이건희 회장이 보유한 주요 계열사 지분 상속에 나설 가능성이 높다. 이 부회장은 최근 한화그룹과의 빅딜 등 중요한 의사결정을 하고 있다. 사실상 그룹 경영 전면에 나섰다는 평가다. 삼성은 이 부회장 외에 이부진 호텔신라 사장, 이서현 제일모직 사장 등 3남매가 모두 경영에 참여하고 있다.

현대차그룹도 3세인 정의선 부회장이 경영전면에 나선 지 오래되었다. 정 부회장 역시 보유하고 있는 지분 등을 활용해 현대차그룹 승계에 나설 것으로 보인다. 정몽구 회장의 딸들은 이노션과 현대커머셜 등 계열사 고문이나 임원을 맡고 있지만 본업인 자동차에는 관여하지 않고 있다. 정용진 신세계 부회장은 사실상 총수 역할을 하고 있다. 조현준 효성 사장과 조현상 효성 부사장도 아버지 조석래 회장을 대신해 경영을 책임지고 있다. 다른 그룹들도 오너 3·4세들이 대거 포진하고 있다. LG는 정기인사에서 구본무 회장의 아들 구광모 부장이 상무로 승진하며 눈길을 끌었다. 본격적인 경영수업이 시작되는 것 아니냐는 관측이다. 구본준 LG전자 부회장의 아들인 구형모씨도 현재 LG전자에 입사한 상태다.

현대중공업 최대주주인 정몽준 전 의원의 아들인 정기선씨도 작년

인사에서 상무로 승진했다. GS의 경우 허창수 회장의 아들인 허윤홍 씨가 GS건설 상무로 재직중이다. 한진은 조현아 전 부사장 외에 조현태 대한항공 부사장, 조현민 대한항공 전무 등 3남매가 모두 경영에 참여하고 있다. 한화 역시 김동관 한화솔라원 영업실장을 비롯한 김승연 회장의 세아들이 모두 입사해 경영수업을 받고 있는 상태다. 김동관 실장은 지난 정기인사에서 상무로 승진했다. 한편 2·3세들이 한창인 기업들은 자녀들을 계열사 직원을 일하게 하는 등 초보적인 단계를 밟고 있다. 최태원 회장의 둘째딸인 최민정씨는 최근 해군에 입대해 눈길을 끌기도 했다.

승계에 대한 우려의 목소리

〈대한민국에 존재하는 수많은 국내외 대기업 및 브랜드〉

기업경영성과 평가사이트인 CEO스코어가 최근 내놓은 분석에 따르면 30대그룹 총수 직계 3·4세들이 입사 후 임원으로 승진하는 기간은 3.5년에 불과했다.

'땅콩회항'으로 문제가 된 조현아 전 대한항공 부사장은 6.5년, 조 전 부사장에게 보낸 문자로 구설에 오른 조현민 전무는 3.9년 만에 임원이 됐다. 이재용 부회장이나 정의선 부회장 등도 각각 9.4년, 5.8년 등으로 평균보다 길었다. 입사 후 바로 임원이 된 경우도 적지 않았다. 이처럼 대부분 오너 일가들이 입사 후 초고속 승진을 하고 있다는 점은 충분한 경영능력 검증이 이뤄지지 않고 있다는 것을 보여주는 사례로 지적된다. 일부에서 오너 일가의 경영참여와 기업승계를 당연시하는 현재 지배구조에 변화가 필요하다는 목소리가 나오는 배경이다.

<재계 오너 3~4세 경영참여 현황>

그룹	이름	직책
삼성	이재용	삼성전자 부회장
	이부진	호텔신라 사장
	이서현	제일모직 사장
현대차	정의선	현대차 부회장
	정성이	이노션 고문
	정명이	현대커머셜 고문
	정윤이	해비치호텔앤리조트 전무
LG	구광모	㈜LG 상무
현대중공업	정기선	현대중공업 상무
GS	허윤홍	GS건설 상무
한진	조현아	전 대한항공 부사장
	조원태	대한항공 부사장
	조현민	대한항공 전무
한화	김동관	한화솔라원 영업실장
	김동원	한화 경영기획실 팀장
	김동선	한화건설 매니저
두산	박서원	오리콤 부사장
	박재원	두산인프라코어 부장
신세계	정용진	신세계 부회장
	정유경	신세계 부사장
CJ	이경후	CJ오쇼핑 과장
	이선호	CJ제일제당 사원
금호아시아나	박세창	금호타이어 부사장
동부	김남호	동부팜한농 부장
현대	정지이	현대상선 전무
효성	조현준	효성 사장
	조현상	효성 부사장

제 1장
팬택

PANTECH

벤처의 신화, 팬택

과연 재기는 가능할 것인가?

1장 | 팬택

벤처의 신화, 팬택

과연 재기는 가능할 것인가?

PANTECH

1. 박병엽 회장과 팬택

박병엽(朴炳燁, 1962년 12월 30일~) 회장은 전라북도 정읍 출신 기업인이다.

1991년 팬택을 설립하여 한때 국내 2위의 스마트폰 업체로 성장시키며 팬택의 벤처성공신화를 이끌었다. 2011년 12월 건강상의 이유로 사퇴를 표명했으나 채권단의 재신임을 받으며 이를 철회한 적이 있다.

팬택(PANTECH)은 박병엽 전 부회장이 1991년도에 29세의 나이로 직원 6명, 자본금 4000만원으로 출발한 회사다. 무선호출기 '삐삐' 회사에서 출발한 팬택은 세계 톱7의 휴대폰 제조업체에 이름을 올리며 2000년대까지 '벤처기업의 신화'로 불렸다. 국내 시장에선 한때 LG전자를 물리치고 2위를 차지하기도 했다.

2. 팬택의 역사

팬택은 2001년 현대큐리텔을 인수하면서 성장에 탄력을 받았다. 2002년 현대큐리텔은 사명을 팬택&큐리텔로 바꿨고 매출 8500억원, 영업이익 650억원을 기록하며 적자에서 탈출했다.

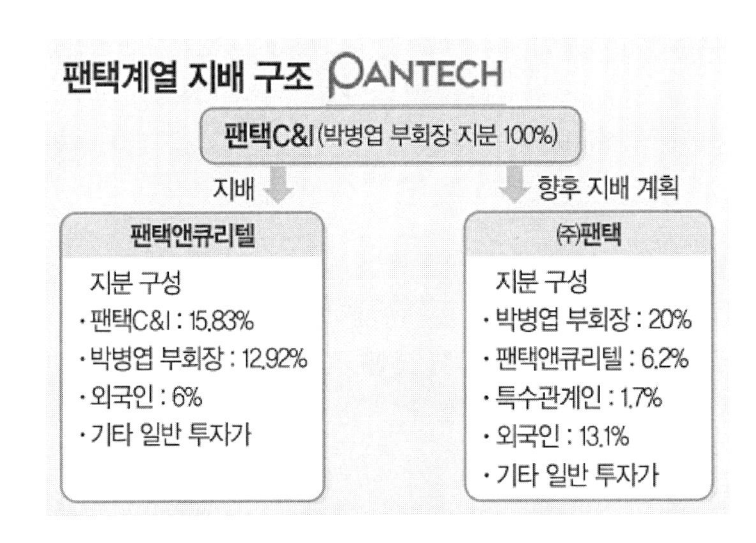

팬택&큐리텔은 세계최초 33만 화소 카메라를 탑재한 제품을 포함해 캠코더폰, T슬라이드폰 등 특화된 디자인과 기능으로 인기를 끌었다. 2003년에는 1조가 넘는 매출을 달성하기도 했다.

2005년에는 SK텔레콤의 자회사 SK텔레텍을 인수하면서 '스카이(SKY)' 브랜드를 손에 넣었다. **"It's different"**라는 광고 카피라이트문구로 대표되는 스카이는 디자인에 특화된 프리미엄 피쳐폰(스마트폰 등장 이전의 2G 휴대전화)의 대명사였다.

당시 팬택계열 총매출은 3조원을 돌파하기도 했다. 스카이와 베가폰 시리즈를 통해 연간 해외 수출액은 1조 원을 웃돌았다.

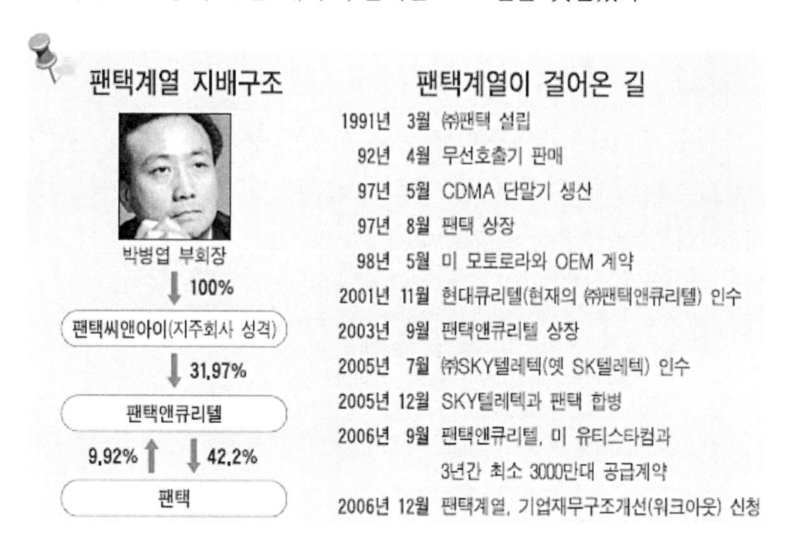

2006년부터 팬택의 위기는 시작됐다. 휴대폰 시장은 급변기를 맞았다. 해외시장으로 진출하여 '노키아', '모토로라' 등과 경쟁하기 위해 막대한 투자금을 쏟아 부었지만 성과는 부진했다. 팬택은 급기야 2007년 1차 워크아웃에 들어갔다. 이후 박병엽 부회장이 사퇴하고 전체 임원의 3분의 2를 잘라내는 등 과감한 구조조정을 단행했다. 해외수출 국가도 50개국에서 10개국으로 대폭 축소했다. 스스로 뼈를 깎는 노력 끝에 2007년 3분기부터 18분기 연속 흑자를 기록, 2011년 12월 워크아웃을 졸업했다. 그동안 고수해왔던 스카이 브랜드 대신에 사용한 '베가' 브랜드의 공이 컸다. '베가' 모델을 시작으로 '베가레이서', '베가 LTE', '베가레이서2', '베가S5' 등으로 이어지는 베가 브랜드는 호평일색이었다. 2010년 12월에는 LG전자를 제치고 국내 스마트폰 점유율 2위를 차지하였다.

3. 팬택의 위기

2008년도부터 팬택은 보조금 위주로 형성된 프리미엄 스마트폰 시장에서 경합대상인 삼성전자나 LG전자에 비해 브랜드파워와 자금동원력(보조금), 마케팅비(광고비)에서 모두 밀리면서 시장에서 약세를 면치 못했다. 내수판매에 의존하는 팬택으로서는 치명타를 입을 수밖에 없었다.

팬택 매출은 국내 시장에서 80% 가량 이뤄졌다. 업계에 따르면 삼성전자, LG전자, 팬택의 시장점유율은 6대 3대 1로 팬택은 국내 스마트폰 시장에서 10% 초반 대를 점유하고 있다.

베가R3와 경쟁 스마트폰 비교

자료: 각 업체

	팬택 베가R3	삼성전자 갤럭시노트2	엘지전자 옵티머스G	애플 아이폰5
운영체제	안드로이드 4.0	안드로이드 4.1	안드로이드 4.0	iOS6
크기 (가로×세로, ㎜)	74.3×144.7	80.5×151.1	68.9×131.9	58.6×123.8
화면	5.3인치 내추럴 아이피에스(IPS) 프로 LCD 1280×720, 278픽셀/인치	5.5인치 HD슈퍼아몰레드 1280×720, 267픽셀/인치	4.7인치 트루HD 아이피에스플러스(IPS+) 1280×768, 320픽셀/인치	4인치 레티나 1136×640, 326픽셀/인치
두께(㎜)	9.95(검은색 모델 기준)	9.4	8.45	7.6
무게(g)	169(검은색 모델 기준)	180	145	112
프로세서	퀄컴 쿼드코어 1.5㎓	엑시노스 쿼드코어 1.6㎓	퀄컴 쿼드코어 1.5㎓	A6, 듀얼코어 1.5㎓
배터리	14.5시간 통화, 360시간 대기	9시간 통화, 470시간 대기	10.5시간 통화, 350시간 대기	8시간 통화, 225시간 대기
카메라	1300만 화소	800만 화소	1300만 화소	800만 화소

급변하는 시장환경 속에서 경영전략이 제대로 뒷받침되지 않은 것도 팬택의 몰락을 부추긴 한 요인으로 지목된다. 바로, 팬택이 승산이 크지 않은 프리미엄 스마트폰 시장 공략에 치중했다는 것이다. 업계 관계자는 "(팬택은) 삼성, LG의 브랜드와 자금력에 못 미치는 만큼 중

저가 라인업을 강화했어야 했다"고 말했다. 국내 시장에 절대 의존한 것도 제품 경쟁력을 약화시켰다. 일본, 북미 등 일부 해외시장에 진출했지만 별다른 성과를 거두지 못했다. 시장별 브랜드·마케팅 전략 없이 국내 시장과 비슷한 제품을 밀었기 때문이다.

마지막 희망, 이동통신사 끝내 외면

팬택이 벼랑 끝 위기에서 마지막 희망은 있었다. 바로 이동통신사들의 도움이었다. 하지만 끝내 이동통신사(이하 '이통사')들은 팬택에게 희망의 동아줄을 내려주지 않았다.

팬택 채권단은 워크아웃 중인 국내 3위 휴대폰 제조업체 팬택 회생을 위해 채무 3000억원을 출자전환하기로 결정했다. 이 가운데 채권단은 SK텔레콤, KT, LG유플러스 등 이동통신사들에게 매출 채권 1800억원에 대해 출자전환할 것을 요구하며 팬택살리기에 이통사들이 동참할 것을 강력히 요청했다.

이통사들의 출자전환이 결정되면 팬택 채권단의 3000억원을 합친 총 4800억원의 부채가 주식으로 바뀌어 팬택의 채무 부담이 한결 줄게 된다. 하지만 이통사들은 출자전환 여부에 대해 채권단에 답을 주지 않았다. 몇차례 유예기간을 두고 답을 요구했지만 끝내 '묵묵부답'이었다. 사실상 채권단의 요구를 거부한 것이다. 이통3사에게 채권단이 요구한 1800억원은 적지 않은 돈이지만 팬택 회생이 확실하다면 통시3사로서는 도저히 감당하지 못할 규모는 아니다.

SK텔레콤이 가진 팬택 채권이 1000억원 정도, KT가 600억원, LG유플러스가 200억원 정도이다. 게다가 이동통신 3사들의 연간 영업이익은 수천억대에 달하는 수준이다. 하지만 이들 통신3사는 팬택의 회생가능성을 높게 보지 않았다. 출자전환에 참여한다해도 팬택이 경영 정상화로 이어지지 않는다면 도리어 출자전환에 참여한 지분은 손해로 이어질 수 있다고 우려했다.

특히 지원 방식이 이통사가 팬택의 휴대폰을 사들이고 이를 주식으로 바꿔준다는 방식에 대한 부담이 컸던 것으로 보인다. 업계에서는 이미 '보조금 없이는 휴대전화를 팔 수 없을 지경'이라고 표현할 만큼 팬택 매출 구조에서 보조금 의존도가 크다. 이 같은 이유로 추가로 지불한 보조금이 도리어 받아야 하는 대금을 넘어서면서 판매가 늘면 늘수록 도리어 손실이 더 커질 수 있다는 것이다.

특히 채권단이 요구한 매출 채권 출자전환에 참여하게 되면 단순히 자금 지원이 아닌 주주로서 팬택에 관여하게 된다는 점 때문에 더욱 부담을 느끼고 있다. 이통사들은 결국 지원을 포기했고 팬택으로서는 법정관리를 신청할 수밖에 없는 상황에 처하게 됐다. 하지만 아직도 이통사들이 팬택의 단말기를 얼마나 사들이는가 하는 문제가 팬택 회생의 해답으로 떠오르고 있는 상황이다. 팬택의 위기는 곧 수많은 협력업체의 위기로 이어진다. 팬택의 법정관리 신청으로 상당수 협력업체는 유동성 위기를 피해갈 수 없게 됐다.

팬택 협력업체는 550여 곳으로, 이 중 상당수는 영세업체다. 특히 70% 가량은 팬택에만 부품을 공급하는 것으로 알려져 있다. 법정관리에 들어가면 은행 등 금융권 채무뿐만 아니라 상업 채권까지 모든 채무가 동결된다. 이 때문에 이들 협력·하청업체들은 유동성 위기에 빠질 위험이 높다. 팬택은 협력업체에 지불해야 할 대금 360억 원을 지급하지 못한 데 이어 만기가 돌아온 채권 200억 원 가량도 막지 못했다.

4. 재기를 위한 팬택의 도전

〈지금으로부터 10년 전 인기브랜드 '스카이(SKY)' 맷돌춤 CF 주인공이었던 배우 박기웅 씨를 팬택의 신제품 'IM-100'의 광고모델로 다시 발탁하였다〉

2016년 6월 30일, 팬택이 2년여 만에 신형 '스카이'를 들고 소비자 곁으로 돌아왔다. 제품명은 'IM-100'. 'I'm back (내가 돌아왔다)'의 의미를 담고 있다. 이 신제품은 팬택의 전성기를 상징하는 '스카이(SKY)'라는 브랜드 이름은 그대로 가져왔지만 성격은 바뀌었다. 중저가 스마트폰 시장을 공략하며, 스톤이라고 불리는 무선충전거치대 및 블루투스스피커를 겸하는 휴대전화 악세서리를 스마트폰과 함께 판매하였다. 초도물량 3만대가 금세 동나고, 지난 법정관리로 잃은 김포공장 대신 협력사 생산공장에서 추가생산라인을 밤낮으로 돌렸다.

팬택은 두 번의 법정관리를 받았다. 해외에 매각될 뻔했지만 국내자본기업인 '쏠리드-옵티스' 컨소시엄이 지난해 10월 인수에 성공하였다. 2015년 10월에 전체직원 900명 중 400명을 정리해고하는 등 구조조정과 2014년부터 2번의 기업개선작업(워크아웃), 2014년 8월 법정관리(기업 회생절차)를 받으면서 어렵게 다시 시장에 진출한 팬택인 만큼 앞으로 시장에서의 팬택의 귀추가 주목된다.

5. 팬택의 교훈

"(팬택은) 자금과 브랜드에서 밀렸다. (팬택 박병엽 회장 연설중)"

팬택이 무너진 이유는 자금력에서 경쟁업체에 크게 밀렸기 때문이다. 삼성전자와 LG전자는 막강한 자본을 등에 업은 대기업이다. 이들은 스마트폰의 핵심 부품을 만드는 제조사는 물론 통신사와 광고· 마케팅 업체까지 계열사로 두고 있다. 벤처로 시작해 휴대폰 생산만 주력으로 하고 있는 팬택으로서는 감당할 수 없는 강적이다.

보조금 경쟁에서도 밀린다. 소비자가 스마트폰을 살 때에는 통신사 외에도 제조사로부터 단말기 보조금을 지원받는다. 삼성·LG전자는 기존 제품을 밀어내기 위해 혹은 상대방 신제품의 판매를 방해하기 위해 막대한 보조금을 뿌린다. 돈으로 돈을 버는 이른바 '쩐의 전쟁' 구조다. 팬택이 제품 출고가를 저렴하게 책정해도 유통단계에서 가격 경쟁력이 떨어질 수밖에 없다. 게다가 팬택은 애프터서비스(A/S)도 대기업에 비해 상대적으로 약하다. 사업 밑천이 부족하다 보니 기술력도 더 이상 장담할 수 없다. 세계 주요 IT기업들은 스마트폰 신제품으로 격전을 벌이면서 막대한 연구개발비를 쏟아부었기 때문에, 결국 팬택은 경쟁력을 상실할 수밖에 없었다.

팬택의 기술력은 강했으나

팬택이 처한 상황은 지금의 시장 환경이 기술력만으로는 승부를 낼 수 없다는 것을 단적으로 보여준다. 날로 격심해지는 스마트폰 시장에서는 기술력 외에도 자금력과 브랜드파워를 갖춰야 살아남을 수 있다.

2006년 1차 워크아웃에 들어가 5년여 만에 회생했던 팬택이 다시 자금난으로 법정관리 신청이라는 위기에 직면하게 된 것은 단말기개발 전략상 문제와 휴대전화 유통시장의 특수성 등이 복합적으로 작용한 탓이다. 제조업체들이 주로 이동통신사를 통해 단말기를 공급하는 시장 여건상 대형 제조업체의 막대한 보조금 투입 등 마케팅 능력에 밀릴 수밖에 없었다. 게다가 팬택이 프리미엄 스마트폰 개발 전략을 추구한 것도 어려움을 야기했다는 지적이다. 고가 · 최고사양의 스마트폰의 경우 광고 등 마케팅 비용이 그만큼 많이 드는데다가 시장은 사실상 삼성전자, 애플 등 양대 제조업체만이 수익을 낼 정도로 신규 수요 창출이 어려운 실정이었기 때문이다. 앞으로 전망이 밝지 않는 것도 이런 단말기 유통시장 구조의 특수성, 스마트폰 시장 성장의 둔화 추세가 하루아침에 바뀌기 어려울 것으로 보이기 때문이다.

법정관리에 들어가는 경우 팬택 앞에 놓인 길은 회생, 매각, 청산 등이다. 회생이 가능하려면 무엇보다 우선 이통사가 단말기 구매를 재개, 숨통을 터주는 경우지만 이미 이통사가 추가 물량 수급을 거부해 법정관리를 신청한 것이기 때문에 장담할 수 없다. 팬택의 기술력이 높게 평가받는 만큼 인도나 중국 업체로의 매각 가능성도 있다고 한다. 이런 과정에서 우수 인력이 빠져나가고 해외로 우리 스마트폰 기술이 넘어갈 것이라는 지적도 나온다. 550여 곳에 달하는 협력업체들이 부품 대금을 받지 못해 줄도산할 우려도 커지고 있다. 이동통신도입 초기 삐삐부터 출발해 20년간 기술력을 쌓으면서 `샐러리맨 신화'로 화제를 불러일으키며 대형 제조업체와 치열한 경쟁에서 버텨온 중견기업의 성적표 치고는 서글프다. 상황이 극도로 어렵겠지만, 팬택 임직원에게 강력한 구조조정, 다양한 판로 모색 등 회생을 위해 끝까지 최선의 노력을 다해주기를 바라는 것도 이런 심정에서다.

정말 가슴 아픈 일이다. 치열한 글로벌 스마트폰 경쟁은 휴대폰의 원조인 모토로라, 부동의 1위였던 노키아조차 도태시켰다. 수많은 스마트폰 회사 중 제대로 이익을 내는 회사는 애플과 삼성 두 회사라고 할 수 있을 정도다. 이러한 상황 하에서 벤처 기업인 팬택이 그 동안 버텨낸 것만 해도 대단했다고 할 정도가 아닌가 한다.

창조적 도전을 하는 벤처에서 실패는 매도할 것이 아니라, 학습의 기회로 삼아야 한다. 팬택의 법정관리 신청에 이르는 과정에서 우리가 배울 것은 크게는 개별 기업 차원에서 팬택의 전략상의 문제점이고, 거시적인 차원에서는 패러다임(산업 트렌드)의 변화이다. 이 두 가지 문제를 살펴보기로 하자.

우선 개별 기업으로 팬택은 1991년 박병엽 창업자가 삐삐 사업으로부터 시작하여 휴대폰 열풍을 타고 성공 가도로 들어섰다. 당시 텔슨, 세원, 어필 텔레컴 등과 더불어 휴대폰 기술의 혁신을 주도해 나갔다. 그러나 이제는 결국 삼성과 LG라는 전통의 거인들만 살아남게 된 것이다. 여기에서 제품의 생명주기에 따른 기업 전략의 변화를 다시 강조하게 된다.

기술 혁신이 주도하는 시대는 벤처가 산업을 이끄나, 시장 규모가 지배하는 시대에는 대기업이 산업을 이끈다. 이제 전세계 스마트폰 산업은 성숙기에 접어들어, 기술 혁신이 아니라 시장지배력이 승부를 좌우하는 단계에 돌입한 것이다.

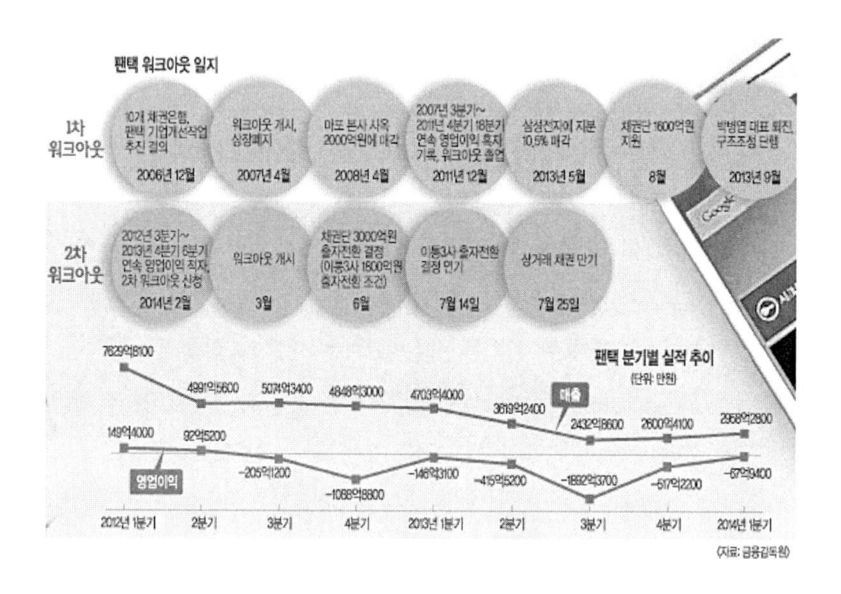

(자료: 금융감독원)

그런데 팬택은 삼성, LG와 같은 규모의 경제에는 도달하지 못하고, 중국의 '샤오미'와 같은 혁신의 틈새를 발굴해 내지 못했다. 그 결과 냉혹한 시장 경쟁에서 밀려나게 된 것이다. 중국의 샤오미는 제조의 외주와 유통의 온라인화를 통하여 유연한 소프트웨어 개발 역량에 집중하는 전략으로 세계 최대인 중국 시장의 최강자로 부상했다. 벤처의 핵심 전략은 혁신을 주도하는 데 있다는 것을 다시 입증하고 있는 것이다. 앞으로 팬택의 재기는 틈새시장에서 새로운 혁신의 영역을 발굴

하느냐에 달려있다고 보아도 좋을 것이다.

휴대폰 시장은 스마트폰의 급속한 확산으로 대변혁의 소용돌이 속에 있다. 변화의 파도에 올라탄 기업은 살아남았지만 반대의 경우는 몰락한다. 한때 시장을 쥐락펴락했던 노키아와 모토로라, 블랙베리는 경쟁사에 인수되거나 매각을 추진하는 등 역사의 뒤안길로 사라지고 있다.

제 2장
STX

stx

샐러리맨의 신화,
강덕수 회장 때문에 무너지다

2장 | STX

샐리리맨의 신화,

강덕수 회장 때문에 무너지다

1. STX그룹의 역사

평범한 사람이라면 누구나 돈·권력·명예를 한 손에 움켜쥐는 것을 생각해 봤을 법하다. 현재 국내 재계를 호령하는 재벌 그룹 역시 그 시원을 거슬러 올라가보면, 창업주의 피땀 어린 노력의 흔적이 발견되기 마련이다. 그들의 성공 신화는 여전히 뚜렷한 흔적을 남기고 있다. 하지만 이 같은 창업주들의 신화는 서민들에게 그저 멀게만 느껴진다. 시대의 격변기 속에서 대기업의 기틀을 마련한 이들과, 지금의 우리 사이에는 넘을 수 없는 시대의 벽이 있기 때문이다. 때문에 일개 회사

원에서 시작하여, 한때 재계 순위 10위권에 오르는 기염을 토했던 STX그룹과 강덕수 전 STX그룹 회장의 성공기는 그야말로 '살아 숨쉬는 성공신화'라고 할 수 있다. 90년대 중반 공격적인 투자를 바탕으로 국내 굴지의 기업으로 올라선 STX그룹 그 시작과 몰락을 다시 한 번 재조명해 본다.

2013년 4월1일은 사정이 어떻든 강덕수 STX그룹 회장에게 가장 화려한 날이었다. 공정거래위가 발표한 재계순위에서 STX그룹은 13위에 올랐다. KT와 두산의 뒤를 이은 순서였다. 강 회장은 STX그룹 설립 12년 만에 내로라하는 대그룹들과 어깨를 나란히 했다.

〈강덕수 전 STX그룹 회장〉

하지만 딱 하루였다. 다음날인 4월2일 STX그룹의 주계열사인 STX조선해양이 채권단 자율협약을 신청했다. 그리고 STX그룹이 몰락하기까지 1년도 걸리지 않았다. STX그룹은 해체됐다. 자산은 24조 3천억 원에서 3조 3천억 원으로 줄었다. 강 회장은 2000년 몸담던 쌍용그룹이 무너지자 그 폐허 위에서 출발했다. 2001년 5월1일 쌍용중공업을 STX로 바꾼 뒤 12년을 거침없이 달렸다. 샐러리맨이 재계의 신화를 쓸 판이었다. 그러나 한번 무너지자 마치 모래성 같았다. '제2의 김우중'이라는 질시 어린 찬사, 손만 닿으면 법정관리 기업들도 회생했다는 '미다스의 손'이라는 극찬은 온데간데없이 사라졌다.

강 회장은 백의종군을 선언했지만 그마저도 사치로 받아들여졌다. 모든 계열사 대표직을 내려놓고 야인으로 물러났다. 강 회장은 왜 한 순간에 무너졌을까? 강 회장에게 돌이킬 수 있는 기회는 없었을까? 그런 기회가 있었다면 강 회장은 왜 그 기회를 잡지 못했을까?

2. STX의 강덕수 회장

강덕수(1950년 8월 18일~) 는 대한민국 STX그룹의 창업자이다. 제2의 김우중, 제2의 신선호라고도 불린다. 경상북도 선산 출신으로, 1973년 쌍용양회에 입사했다. 30년 간 직장 생활을 하다가 50세에 뒤늦게 STX그룹을 창업해 "샐러리맨 신화"를 일군 주인공이다.

1997년 외환위기로 인해 쌍용그룹이 삐걱였다. 무리한 자동차 사업 투자로 어려움을 겪던 쌍용그룹은 발전용 엔진과 선박용 엔진을 만들던 계열사 쌍용중공업의 지분 34.45%를 2000년 11월에 한누리컨소시엄에 163억원에 매각한다. 새 주인을 맞은 쌍용중공업이 바로 STX그룹의 모체다.2000년 외환위기의 여파로 쌍용그룹이 붕괴되었다. 쌍용중공업의 재무 총괄 임원으로 재직하던 중 퇴출 기업으로 결정되자 그가 자신이 몸담았던 기업을 퇴출시킬 수 없다며 종업원으로 인수한 기업이 STX다. 2001년 5월 1일, 인수한 쌍용중공업의 명칭을 STX로 고치면서 STX그룹이 출범했다. 과감한 인수합병(M&A)를 잇따라 성공시키며 STX를 대기업으로 성장시켰다. 2007년 18위, 2008년에는 12위, 2009년 재계 12위를 기록했다.

2010년 5월 1일 STX그룹 창립 9주년 기념 행사에서, 강덕수 회장은 2020년 그룹 매출액을 1,000억 달러(100조 원)로 올리자고 말했다. 2010년 단일 기업으로는 대한민국 1위 기업 삼성전자만이 매출액 100조 원을 돌파한 상태였다.

리먼브러더스 사태에 직격탄을 맞은 STX그룹은 2008년 이후 공격적인 경영이 되려 부메랑이 되면서 유동성 위기에 직면했다.

STX 채권단은 2013년 9월 9일 오후 2시 이사회를 열고 채권단

경영자추천위원회가 추천한 박동혁 대우조선해양 부사장과 류정형 STX조선 부사장(조선소장)의 등기이사 선임을 만장일치로 가결했다. 강 회장은 2013년 8월 2일 경영책임을 이유로 STX팬오션 대표에서 물러났고, 2013년 9월 9일 이사회 결정으로 강 회장은 경영 일선에서 완전히 물러나게 됐다.

이후 2014년 5월, 강 전 회장은 회사 돈 557억 원을 횡령하고 계열사 자금 2천840억여 원을 개인회사에 부당지원한 혐의(특경가법상 횡령·배임)로 구속기소 되었다. 그는 2조3천억 원대 분식회계를 통해 9천억 원대 사기대출을 받고, 1조7천500억 원어치 회사채를 발행한 혐의('자본시장과 금융투자업에 관한 법률' 위반 등)도 받았다. 서울중앙지법 형사합의28부(김종호 부장판사)는 그해 10월 30일 강 전 회장에게 "자본시장 신뢰와 투명성을 저해하는 회계분식으로 금융기관에 큰 피해를 입혔다"며 징역 6년의 실형을 선고했다.

3. 강 회장의 주력 사업 집중과 과감한 M&A 전략

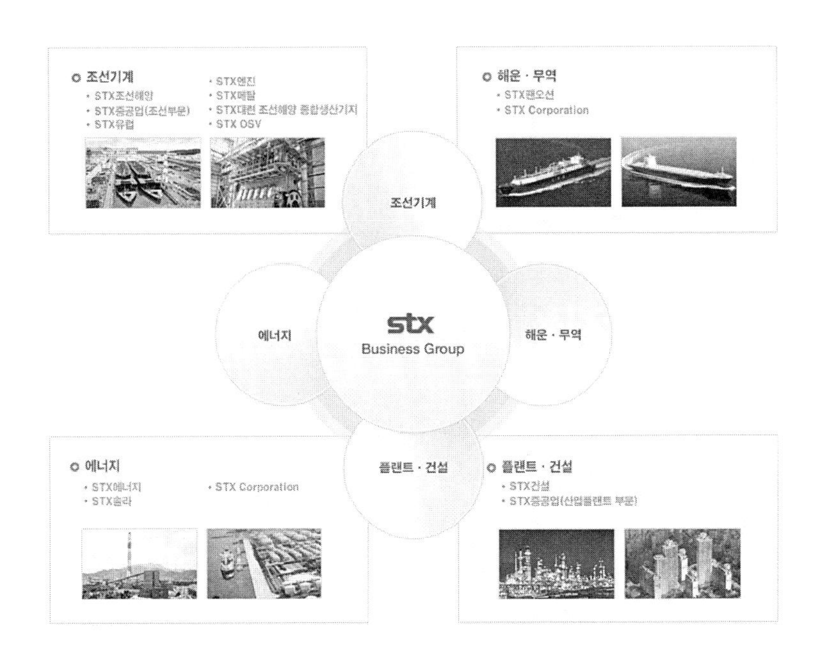

〈STX그룹의 사업영역과 관련 회사〉

STX그룹은 2001년 쌍용중공업 사장으로 재직 중이던 강덕수 회장이 직접 쌍용중공업 지분을 취득, 사명을 ㈜STX로 변경한 이후 2001년 대동조선(현 STX조선해양)에 이어 2002년 산단열병합발전(현 STX에너지), 2004년 범양상선(현 STX팬오션) 등을 인수하고 STX엔파코(현 STX메탈), STX엔진, STX중공업, STX건설 등을 분할 설립함으로써 현재의 계열관계를 구축하였다. 또한, 2007년 이후에는 STX유럽 인수, 중국 대련 종합조선기지 건설 등을 통해 해외 현지 사업 비중을 크게 확대하였다.

[그림1] STX그룹 지분구조

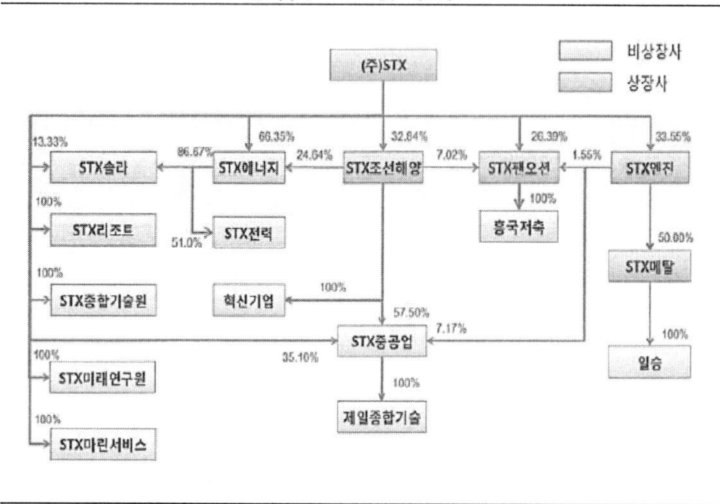

사실상의 지주회사 역할을 하고 있는 ㈜STX를 기점으로 조선/기계(STX조선해양, STX엔진, STX중공업, STX메탈, STX유럽, 대련조선기지 등), 해운/물류(STX팬오션, STX마린서비스, ㈜STX 등), 에너지/건설(STX에너지, STX건설 등)의 3개 전략 부문을 주력으로 '해운-조선-선박엔진-조선기자재' 등으로 이어지는 해운·조선 중심의 사업포트폴리오를 형성하고 있었다.

STX그룹의 성장 과정은 과감한 M&A를 통한 사업 확장, 해운·조선 중심의 수직계열 구조 구축과 자체적인 사업역량의 집중, 인수 이후 효율적인 투자자금의 회수로 요약할 수 있다. STX그룹이 설립된 2001년 이후 인수한 STX조선해양, STX팬오션, STX에너지 등은 현재 그룹의 주력 계열사로 성장하였으며 '사업인수 → 설비투자 확대 및 기술확보 → 영업실적 개선 → 기업상장 및 투자자금 회수 → 추가 사업 인수 및 신규투자'의 선순환 구조를 통해 단기간 내에 그룹의 사업영역과 매출 규모를 크게 확대하였다.

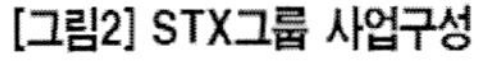

[그림2] STX그룹 사업구성

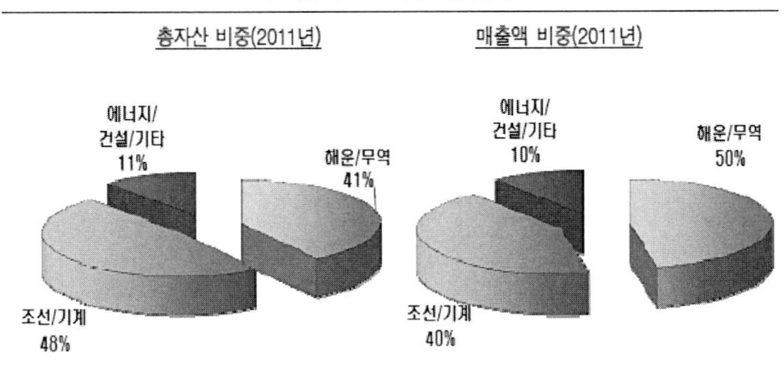

주) 해운/무역(STX팬오션, ㈜STX, STX마린서비스), 조선/기계(STX조선해양, STX엔진, STX메탈, STX중공업, 혁신기업), 건설/에너지/기타(STX에너지, STX건설, STX솔라, STX리조트, 포스텍 등) 등 국내 16개사 합산

과감한 설비 투자, 기술력 제고 등 자체적인 경쟁력 강화와 더불어 2003년부터 해운, 조선 경기가 큰 폭의 호조로 접어들면서 STX팬오션, STX조선해양, STX엔진 등 주요 계열사들의 영업실적도 점차적으로 개선되고, 계열 매출 비중이 높은 STX메탈, STX중공업,㈜STX 등과의 계열 시너지도 본격화됨에 따라 계열 전반의 외형 확대와 재무적 역량의 제고로 이어졌다.

[그림3] STX그룹 매출액 추이

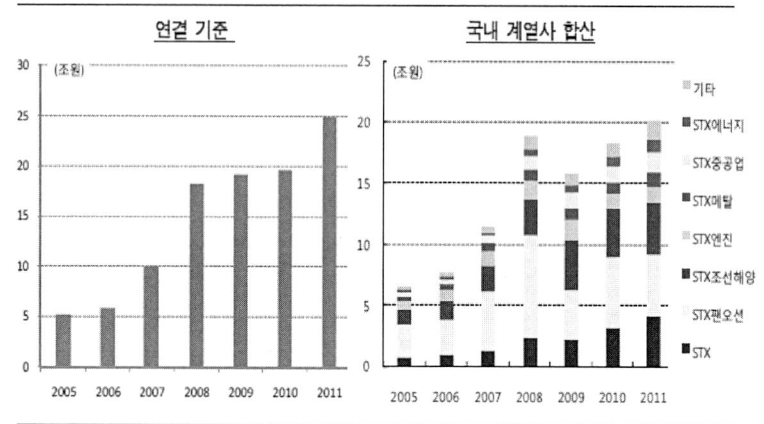

주) STX그룹 연결실적의 경우 2009년까지 STX와 STX엔진의 연결 합산, 2010년은 STX 연결 기준, 2011년은 STX, STX조선해양, STX팬오션, STX엔진 연결 합산

자료: 각 사 공시자료

또한, 투자자금 회수에 대한 구체적인 계획(Exit Plan)을 가지고 인수 시점부터 2~3년내에 국내외 기업 상장과 보유 주식 일부의 처분을 통해 투자자금을 회수함으로써 큰 무리 없이 수차례의 M&A를 진행할 수 있었다. 2001년 ㈜STX의 매출채권 및 선수금을 담보로 자산유동화증권(ABS)을 발행하여 인수한 STX조선해양의 경우 2002~2003년에 걸쳐 기업공개와 보유 주식 처분 등으로 투자자금을 회수하였으며, 2004년 경영권을 인수한 STX팬오션도 싱가포르 증시 상장에 이어 2007년 국내 증시 상장으로 대규모 현금의 확보가 가능하였다.

금융위기 이후의 변화
해운, 조선 경기 침체로 인한 변동성 확대

2008년 하반기를 기점으로 해운, 조선 경기의 침체가 장기화되면서 외형의 90%이상이 해운, 조선 및 관련 업종으로 구성되어 있는 그룹 전반의 영업 및 재무적 변동성이 크게 확대되고 있다. 계열 형성 이후의 잇따른 M&A 전략과 장기간 지속된 경기 호조하에서의 사업확장 기조는 계열구조의 확립과 성장에 긍정적으로 작용하였으나, 금융위기 이후 외부여건이 급속하게 변화하는 가운데 그룹 변동성을 확대하는 주요한 요인이 된 것으로 판단된다.

STX유럽 인수, 중국 대련법인 투자, 선박투자 등 대규모 투자계획이 가시화된 2007년 시점을 돌이켜 보면, 당시에는 해운과 조선경기가 초호황기에 이르면서 계열 전반의 영업실적이 극대화된 시점이었으나, 하반기부터 미국의 서브프라임 상태 등 글로벌 경기하강의 징후가 나타나기 시작했고 대규모 사업에 대한 선별적인 투자와 속도 조절이 이루어지지 못했다는 점에서 그룹 차원의 현금흐름 관리는 다소 미흡했던 것으로 보인다.

[그림4] 금융위기 전후 주요 재무지표 변화

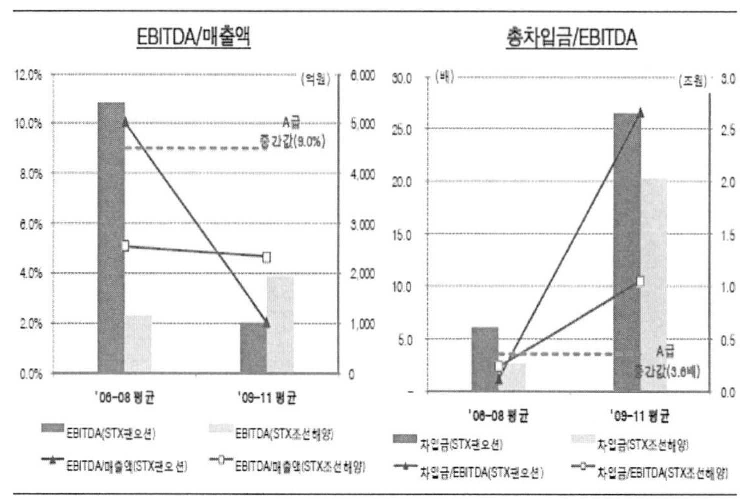

주1) 각 등급별 중간값은 당사 보유등급 기준, 과거 5년 평균

주2) STX팬오션, STX조선해양 재무지표는 별도 실적 기준

자료: 각 사 공시자료

대규모 영업이익 창출과 선수금 유입이 가능했던 2008년 이전에도 국내외 투자부담으로 내부적인 현금유보는 이루어지지 못했으며, 영업부문의 현금창출력이 크게 저하된 금융위기 이후에도 계열 전반의 투자부담이 지속되고 투자금 회수도 지연되면서 연간 2조원이상의 자금부족이 발생하고 있었다.

또한, 금융위기 이후 재무부담이 확대되는 상황에서도 최종적인 인수는 무산되었지만, 대한통운, 대우건설, 대한조선, 하이닉스반도체 등의 인수전에 참여하거나 인수를 검토한 바 있어 그룹 전반의 성장 전략에 대한 우려가 확산되는 계기가 되었다.

STX유럽 인수, 중국 대련법인 투자 등 그룹 확장 전략의 대부분은 STX조선해양을 중심으로 이루어졌으며, STX엔진과 ㈜STX도 일부 투자자금을 분담하였다. STX팬오션은 그룹 차원의 투자부담은 크지 않았으나, 자체적인 선대 확충에 따라 대규모 자금소요가 발생하고 있었다.

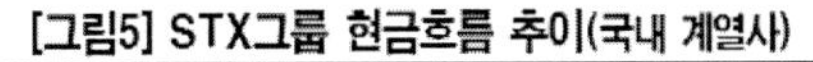
[그림5] STX그룹 현금흐름 추이(국내 계열사)

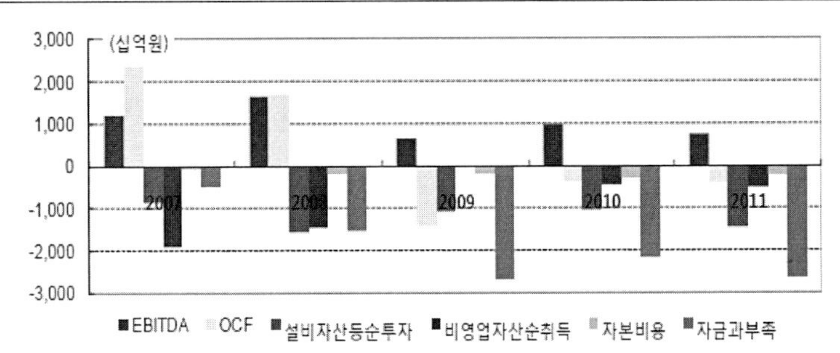

(단위: 십억원)

구분	EBITDA	영업활동조달 현금(OCF)	설비자산등 순투자	비영업자산 순취득	자본비용	자금과부족
2007	1,188	2,375	-872	-1,900	-89	-486
2008	1,657	1,706	-1,588	-1,478	-178	-1,538
2009	640	-1,427	-1,078	-11	-177	-2,693
2010	973	-384	-1,039	-448	-316	-2,186
2011	748	-423	-1,473	-528	-229	-2,652

자료: 각 사 공시자료

주력 계열사로서 그룹 사업확장에서 주도적인 역할을 담당한 STX조선해양에서는 2007~2008년 중 Aker Yards(현, STX유럽)의 인수주체인 STX Norway AS에 대한 지분투자 및 대여금 지출, 중국 대련 현지법인 출자 등으로 1.5조원 이상의 대규모 자금소요가 발생하였다.

[그림6] STX조선해양 연도별 현금흐름(별도기준) (단위: 억원)

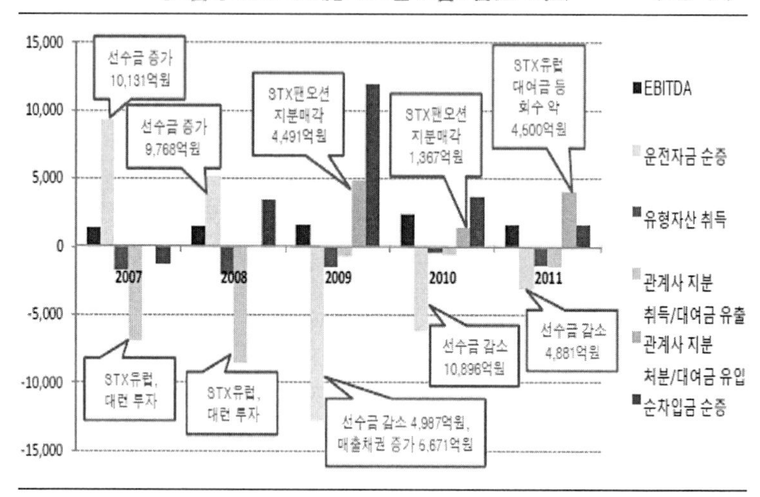

자료: 회사 공시자료

조선 산업이 초호황기였던 투자 당시에는 수주가 크게 증가한 데 힘입어 STX조선해양의 내부 선수금을 통해 필요자금의 상당 부분을 조달할 수 있었으나, 금융위기 이후 수주가 급감하여 선수금 유입이 축소되고 인도시점의 대금회수 비중이 높은 heavytail 방식의 선박수주 계약이 증가함에 따라 운전자금 부담이 확대된 가운데 수주한 선박의 건조자금이 소요되면서 투자부담이 점차 차입부담으로 전이되어 왔다.

또한, STX조선해양의 자금 부담을 일부 완화하고 계열 지배구조를 강화하는 과정에서 2009~2010년에 걸쳐 STX조선해양이 보유한 STX팬오션 지분 중 상당 부분을 인수 (26.4%, 6,014억원)함에 따라 그룹의 실질적 지주회사인 ㈜STX의 차입부담도 증가하였다.

STX그룹에 인수되기 이전 회사정리절차와 경영정상화의 과정에서 경쟁사 대비 선박투자가 상대적으로 제한적이었던 STX팬오션은 해운 산업의 호조가 지속되고 자체적인 재무적 역량이 강화되면서 2007~2008년에 걸쳐 대규모 선박투자를 단행하였다. 또한, 2009년과 2010년에는 각각 Vale, Febria와 장기운송계약(COA)을 체결하였고, 해당 계약 이행을 위해 계열사인 STX조선해양(국내)과 STX대련조선 등에 17.9억$(Vale 8.8억$, Febria 9.1억$) 규모의 선박을 추가 발주하였다.

[그림7] STX팬오션 주요 현금흐름 추이(별도기준)

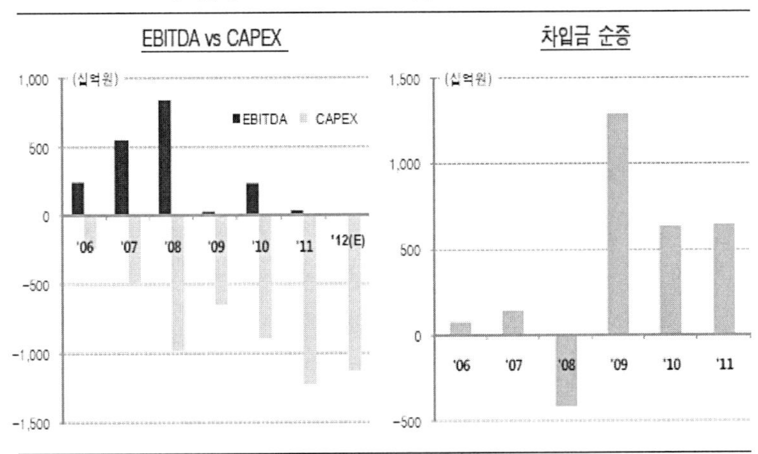

자료: 회사 공시 및 제시자료

2007년 이후 선박 발주액이 5조원을 상회하는 것으로 파악되며, 2008년부터 선대 확충에 연간 5천억원~1조원 정도의 자금을 투입하고 있었다. 2008년까지는 영업부문의 현금창출로 투자자금의 대부분을 충당하였으나, 해운 업황이 침체된 2009년부터는 선박투자 자금의 상당 부분이 차입금의 증가로 나타나고 있었다. 또한, '사업인수 → 설비투자 확대 및 기술확보 → 영업실적 개선 → 기업상장 및 투자 자금 회수 → 추가 사업 인수 및 신규투자'의 성장 전략 중 금융위기 이후 영업실적 개선과 기업상장 등을 통한 투자자금의 회수 고리가 단절되면서 대부분의 자금소요를 외 부차입에 의존하게 되었다.

2009년 STX메탈을 국내에 상장한 데 이어 2010년 11월에는 STX OSV의 Singapore 상장에 성공하였으나, 주력 사업의 경기 불확실성이 가중됨에 따라 기업공개 및 유상 증자, 일부 보유지분 매각(Pre-IPO) 등을 통한 재무적 또는 전략적 투자자의 확보와 현금 유입은 상당 부분 지연되어 왔다.

외부차입 확대와 자금조달, 원천의 제약

2011년 말 현재 STX그룹 전체의 연결 차입금은 13조원에 근접하고 있으며, 국내 계열사들의 총 차입금은 약 10조원 수준으로 파악되었다. 당시 주요 계열사들의 부진한 영업실적을 감안하면 현금창출력 대비 차입규모는 다소 부담스러운 수준이며, 연도별로 대규모 사채, 선박금융 등의 상환 또는 차환이 필요했다. 또한, 차입규모가 확대될수록 다양한 자금조달 원천과 안정적인 재무융통성의 확보가 필수적이나, STX그룹의 경우 회사채 시장에 대한 의존도가 높은 편이고 주 채권은행의 이외의 은행차입금은 대부분 단기로 구성되어 있어 그룹 전반의 자금조달 원천이 다소 제한적인 수준으로 판단된다.

[그림8] STX그룹 차입금 추이

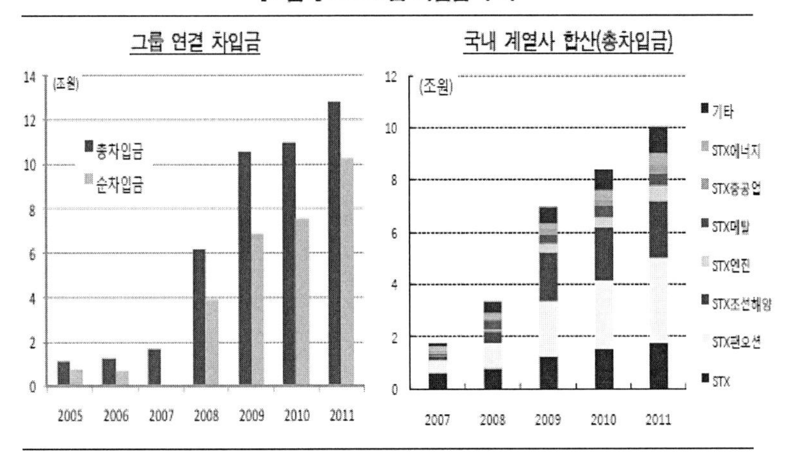

주) STX그룹 연결실적의 경우 2009년까지 STX와 STX엔진의 연결 합산,
2010년은 STX 연결 기준, 2011년은 STX, STX조선해양, STX팬오션, STX엔진 연결 합산

자료: 각 사 공시자료

국내 총차입금 10조원 중 STX조선해양 2.2조원, STX팬오션 3.2조원, ㈜STX 1.7조원 등 주력 계열사들의 차입금이 7조원 이상을 차지하고 있다. 반면, 해운, 조선 산업의 경기가 하강하기 시작한 2009년부터 2011년까지 국내 계열사들의 연평균 EBITDA(현금영업이익)는 1조원을 하회하는 수준으로 운전자금을 포함한 영업활동조달현금(OperatingCash Flow)도 부(-)의 상태를 보이고 있었다. 또한, STX조선해양, STX엔진 등 주요 국내 계열사들이 중국 대련과 유럽 현지법인 차입금, 선수금 환급보증(R/G)에 대하여 지급보증을 제공하는 등 해외 관계사에 대한 지급보증 및 공동출자, 담보제공 등으로 인한 부담이 내재하고 있어 관계사 간 재무적 연계성도 비교적 높은 수준이었다.

국내 차입금의 구조를 살펴보면, 2011년 말 총차입금 10조원 중

일반대, 유산스 등의 단기자금 약 4조원과 선박금융, 공모사채, 시설대 등의 장기차입금 6조원 정도로 구성되어 있으며, 단기차입금, 유동성장기차입금 및 유동성사채를 포함한 단기성 차입금의 비중이 전체의 50%를 상회하고 있다.

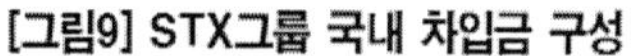

[그림9] STX그룹 국내 차입금 구성

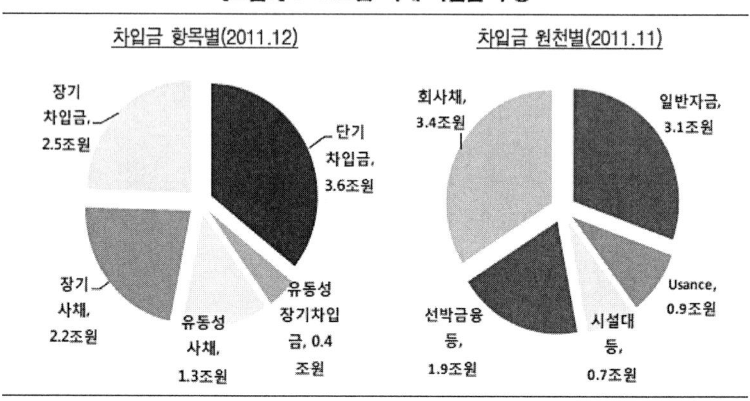

자료: 회사 공시 및 제시자료

단기자금의 경우 일정 부분 운전자금 성격으로 대부분 기존 한도 내에서 차환이 이루어지고 있어 실질적인 단기 상환 부담은 크지 않을 것으로 보이나, 공모사채, 선박금융 등은 만기 도래에 따른 상환이나 추가적인 회사채 발행 등을 통한 차환이 필요해 향후 유동성 측면에서 부담이 될 수 있었다.

특히, 장기차입의 경우 국내 공모사채가 3조원 이상으로 직접금융시장을 통한 자금 조달이 상당 부분을 차지하고 있다. 2012년 5월 말 신주인수권부사채(BW)를 포함한 국내 계열사들의 공모사채 발행액은 3.2조원 수준으로 2012년 들어서는 5월까지 8,400억원의 회사채를 발행하여 기존 차입금을 상환하는 한편, 추가적인 자금소요에 대응하였다. 2012년 중 추가로 만기 도래하는 공모사채는 4,200억원 정도로서 현재 예상되는 STX OSV의 매각대금 유입과 추가적인 회사채 발행 여력 등을 고려하면 자체적인 차환 또는 상환에 큰 무리가 없을 것으로 판단된다. 그러나, 2013년과 2014년에도 각각 1조원 이상의 회사채 만기가 예정되어 있고, BW를 포함한 일부 회사채의 조기상환청구(Put-option)가 가능한 점은 향후 자금운용에 있어 부담이 될 수 있을 것으로 예상된다.

[표1] STX그룹 국내 공모사채 현황(2012.05)

(단위: 억원)

구 분	2012.05 현재	~2012.12	~2013.12	~2014.12	2014.12~
STX조선해양	8,298	998	3,000	2,800	1,500
㈜STX	5,400	-	4,800	600	-
STX팬오션	13,000	2,000	4,000	3,500	3,500
STX엔진	2,000	-	-	2,000	-
STX중공업	1,000	1,000	-	-	-
포스텍	200	200	-	-	-
STX에너지	1,000	-	-	1,000	-
STX솔라	700	-	-	700	-
국내 공모사채 계	31,598	4,198	11,800	10,600	5,000

2011년 말 STX팬오션의 선박금융은 약 2조원(총액기준)으로 연도별로 2,500억원~3,000억원의 만기가 도래할 예정이다. 또한, 2012년 11월에는 2009년 발행된 해외전환사채(2억$)의 조기상환청구가 가능한 바, 상환부담의 발생 가능성이 내재하고 있다.

[표2] STX팬오션 선박금융 상환 일정

(단위: 억원)

구분	~2012	~2013	~2014	~2015	~2016	이후	계
선박금융	2,497	2,690	2,675	3,030	2,354	7,245	20,490

주) 2011년 말 기준, 할인차금상각 전 총액기준(이자상당액 포함) 자료: 회사 공시자료

장기자금 중 공모사채, 선박금융을 제외한 시설대, 사모사채 등은 주로 주 채권은행인 산업은행에서 조달한 것으로 선박금융과 선수금환급보증(R/G) 등을 제외하면 주 채권은행 이외의 은행차입금은 대부분 일반대, Usance 등의 단기로 구성되어 있다. 산업은행은 2012년 3월 말 현재 STX조선해양에 시설대, 사모사채 등으로 7,340억원, ㈜STX에 사모사채, Usance 등으로 약 4,000억원의 자금을 제공하고 있으며, 중국 대련 현지 차입금, 선수금환급보증(R/G)과 STX팬오션의 선박금융도 일부 포함하고 있다. 산업은행(대우증권 포함)은 STX그룹의 주요 공모사채 발행에 있어서도 모집금액의 10~20% 정도를 인수해 온 것으로 파악된다.

[그림10] STX조선해양/팬오션 차입금 구성(2012년 3월 말)

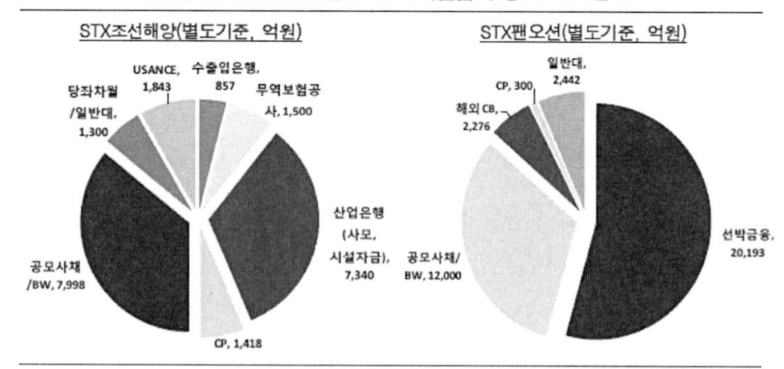

자료: 각 사 공시 및 제시자료

금융위기 이후의 해운, 조선 경기 저하는 당초 예상보다 급격하고 가파른 양상으로 전개됨에 따라 대부분의 해운, 조선 업체들에 있어 큰 위협이 되었고, 다수의 중소 해운사, 조선사가 도산 상태에 이르렀다. STX그룹도 금융위기를 전후로 과감한 성장 전략을 추진하여 양적 성장에는 성공하였으나, 급속한 사업확장 기조 하에서 금융위기 이후 영업환경 변화에 대한 대응력의 확보에는 제약이 있었으며, 경기변동에 따른 영향도 상대적으로 크게 나타난 것으로 판단된다. 그룹 전반의 현금창출력 개선을 위해서는 조선 부문의 수주 확대, 해운 부문의 이익 모멘텀 제고가 필수적인데, 해운과 조선산업의 경기 변동을 감안하면 단기적으로 큰 폭의 영업환경 개선을 기대하기는 쉽지 않을 전망이었다. 해운산업, 특히 STX팬오션이 주력으로 하는 벌크선의 경우, 2003년 이후 5~6년간 호황기를 누렸으나, 2008년 글로벌 금융위기 이후 물동량을 상회하는 선박공급으로 시황부진이 지속되었다.

4. 강덕수 회장의 '속도경영'

강 회장은 속도경영으로 유명하다. 기업경영에서 무엇보다 신속하고 과감한 의사결정이 중요하다는 게 강 회장의 지론이다. 그는 "뒤처지면 경쟁에서 도태될 수밖에 없다."며 "환경이 너무나도 빨리 변하기 때문에 신속히 대응해야 한다."고 입버릇처럼 말했다.

강 회장의 이런 속도경영은 공격적인 인수합병으로 나타났다. 그러나 사상 최고의 조선해운업 호황이 있을 때만 속도경영이 빛을 냈다.

강 회장은 2001년 쌍용중공업을 자비로 인수해 STX를 창업했다. 이어 인수합병을 통해 숨 가쁘게 몸집을 키워왔다. 가장 먼저 2001년 엔진부품 제작부문을 독립시켜 STX엔파코(현 STX메탈)를 설립했다. 같은해 대동조선을 인수해 STX조선해양으로 사명을 변경했다. 2002년 산단열병합발전소를 인수해 STX에너지로 이름을 바꿨다.

2004년 STX엔진을 설립하고 같은해 범양상선을 인수해 STX팬오션을 설립했다. STX그룹이 인수합병을 거듭해가며 성장하자 시장에서 기업이 매물로 나올 때마다 STX그룹이 인수대상자로 거론될 정도였다.

강 회장은 인수합병으로 몸집을 불려가는 데 대해 "인수합병은 현재 사업과 시너지 효과를 내야 한다"며 "STX는 단순히 회사를 인수할 뿐 아니라 피인수기업의 가치를 끌어올려 다른 기업과 차별화를 했다"고 말했다. 그 말처럼 강 회장의 인수합병은 다른 재벌처럼 문어발식은 아니었다. "엔진부품-선박엔진-조선-해운"의 수직계열화를 완성해 가는 인수합병이었다. 이런 몸집 불리기는 그의 말처럼 강력한 시너지 효과를 냈고 창립 6년만인 2007년 매출액 10조 원을 돌파하기에 이르렀다.

쌍용중공업 인수 당시 매출액이 2930억 원이었으니 무려 30배 이상 증가한 셈이다. 흔히 사업을 '운칠기삼(운이 70%, 노력이 30%)'이라고 한다. 하늘의 운이 따라야 사업도 성공할 수 있다. 하늘의 운도 강 회장의 편이었다. 강 회장의 STX그룹은 조선해운업 호황의 최대 수혜자라고 해도 지나치지 않다. STX조선해양의 전신 대동조선은 현대중공업, 대우조선해양 등 대기업에 턱없이 미치지 못하는 중견기업이었다.

그러나 2004년 무렵부터 조선업 호황으로 선박 건조물량이 급증했고 2006년 수주잔량 세계 6위까지 올랐다. STX조선해양의 2008년 매출은 15조 원에 육박했다. STX조선해양은 2008년 20억 달러 수출의 탑 수상에 이어 2009년 30억 달러 수출의 탑을 받았다. 강 회장은 2009년 금탑산업훈장을 수상했다.

강 회장이 2004년 범양상선을 인수해 설립한 STX팬오션 역시 해운업 호황의 혜택을 톡톡히 누렸다. 국내 최대 벌크선단을 거느린 STX팬오션은 2008년 매출 10조 원, 영업이익 6700억 원을 달성했다. STX조선해양과 STX팬오션은 그룹에서 매출 1, 2위로 STX그룹을 견인했다.

5. 후퇴할 때를 놓쳐 추락한 STX

STX그룹의 추락은 한순간처럼 보였지만 빨간불은 오래전에 들어왔다. STX조선해양의 경우 2007년 말 차입금 대비 현금흐름 비율은 40%였지만 2010년 11.9%로 떨어졌다. STX팬오션은 더 심각했다. 2007년 말 차입금 대비 현금흐름 비율이 102.8%에서 2010년 9.4%로 떨어졌다. 각각 조선업과 해운업으로 STX그룹을 견인하던 두 축이 유동성 위기로 몰려가고 있었다. 강 회장에게 이때가 STX그룹의 몰락을 막을 수 있는 기회였다. 업계의 한 관계자는 "변화하는 환경에 신속하게 대응해야 한다는 강 회장의 지론이 온데간데 없어졌다"며 "속도경영이 그저 죽기 살기로 앞만 보고 달려가는 공격경영으로 바뀌었다"고 말했다.

강 회장은 STX그룹의 위기에서 더욱 공격적 경영을 취했다. 그는 글로벌 금융 위기에서도 "세계시장에 과감히 도전할 것"과 "새로운 성장사업에 투자"할 것을 임직원들에게 요구했다. 강 회장은 동시에 유동성 위기 의혹을 불식시키려는 듯 현대산업개발, 대우건설 등의 인수를 계속 시도했다. 2011년 하이닉스 반도체 인수전에도 나섰다. 하이닉스 반도체는 인수금액이 3조 원이 넘는 대형 매물이었다. STX그룹이 하이닉스 인수에 뛰어든 것을 두고 업계에서 말이 많았다. STX그룹은 사업 다각화를 위해 하이닉스 인수전에 참여한다고 밝혔다. 이종철 STX그룹 부회장은 "조선과 해운 및 엔진사업 의존도를 90%에서 60%로 낮추고 반도체사업을 40% 정도로 늘릴 것"이라고 밝혔다. 하지만 수직계열화를 통해 성장한 STX그룹이 신사업에 뛰어드는 것 자체에 위험요소가 많다는 지적도 끊이지 않았다.

STX그룹의 자금조달 능력에도 의문이 제기됐다. STX그룹 최고재무

책임자(CFO)인 변용희 부사장은 "그룹 전체 현금 보유량이 3조5천억 원"이라며 "유동성 위기가 아니다"고 말했다. 하지만 전문가들은 STX그룹이 하이닉스 반도체를 인수할 자금이 부족할 것으로 내다봤다. 인수에 회의적 의견이 대다수였다.

강 회장도 마침내 하이닉스 반도체 인수에 대해 무리하지 않겠다는 의사를 내비쳤다. 결국 STX그룹은 하이닉스 반도체 인수전에서 철수했다. 전문가들은 "인수에 성공한다고 해도 이후 투자를 할 여력은 없었을 것"이라고 평가했다. STX그룹은 이듬해인 2012년부터 유동성 확보를 위한 재무구조 안정화 계획에 나섰다. 계열사 지분 매각 등으로 2조5천억 원의 자금을 마련한다는 계획이었다. STX그룹은 유럽계열사 STX OSV를 7680억 원에 매각하는 등 재무구조를 개선하기 위해 노력했지만 효과는 없었다. 주력 계열사인 STX팬오션 매각도 추진했지만 불발됐다. 결국 STX조선해양이 자율협약을 신청한 것을 시작으로 STX그룹은 줄줄이 법정관리와 자율협약 체제에 들어가게 됐다. 너무나 허무한 반전이었다.

"하이닉스 반도체 인수에 STX그룹이 뛰어든 것은 유동성 위기가 없다는 점을 보여주기 위한 이벤트일 수도 있다. 하지만 그때 강 회장이 규모를 줄이거나 주력 계열사를 과감히 매각했다면 지금의 STX그룹은 다른 모습을 보여줄 수도 있었을 것이다." 재계 한 관계자의 말이다.

STX팬오션과 STX건설은 법정관리 대상이 됐고 STX조선해양, STX중공업, STX엔진은 채권단과 자율협약을 체결했다. STX에너지, STX솔라, STX전력은 GS-LG 컨소시엄에 매각됐다. 강 회장도 7월 STX팬오션 대표를 사임한 뒤 9월 STX조선해양, 11월 STX중공업을 거쳐, 다음해 2월 STX 대표 자리에서 물러났다.

최근에는 유동성 악화를 겪던 STX중공업은, 2016년 7월 22일 법원에 회생절차개시를 신청했다. STX중공업은 회생 절차를 밟고 있는 STX조선해양의 협력업체로서 매출의 약 40%를 STX조선에 의존하는 것으로 알려졌다. STX중공업은 2013년 9월 채권금융기관 협의회와 경영정상화 이행약정을 체결한 후 채권단의 공동관리를 받아왔으나 자금 유동성 악화로 결국 회생절차를 신청했다.

저유가로 인한 플랜트 공사 발주의 취소와 지연, 세계 경기 침체로 인한 선박 발주량의 급감, 국내 조선소의 경영악화로 선박 기자재의 주문 물량이 감소한 데 따른 재무위기 여파로 풀이된다. STX중공업의 3월 말 현재 자산 총액은 1조 3024억 원이며 부채 총액은 1조 2376억 원이다.

6. STX 사례에서의 교훈

취약한 지배구조, 불황 한방에 무너지다

강 회장에게 놀라운 성장을 안겨준 것이 조선해운업 호황이라면 강 회장에게 결정적 한방을 먹인 것도 조선해운업 불황이었다.

2008년 세계금융위기가 터지면서 조선해운업 상황은 달라졌다. 전 세계 물동량이 줄어들고 해운업은 불황에 빠져들었다. 벌크선 운임지수 BDI는 2007년 7071포인트에서 2012년 920포인트로 7분의1 수준으로 줄어들었다. 해운업 불황은 조선업 불황으로 이어졌다.

국내 주요 해운사들은 2011년을 기준으로 적자로 전환했다. STX팬오션도 예외는 아니었다. 2011년 219억 원의 순손실을 기록했고 2012년 4668억 원이라는 엄청난 적자를 냈다. 결국 STX그룹은 2012년 STX팬오션 매각에 나서게 됐다.

STX그룹 재무구조개선 계획 (단위 : 원)

구분	대상	주요 내용	유입액	비고
완료	STX에너지	일본 오릭스에 43.1% 지분매각	3600억	투자 유치
	STX OSV	이탈리아 핀칸티에리에 50.75% 전량매각	7680억	M&A
추진	STX팬오션	36.09% 지분 전량 매각 - 모간스탠리, SC 매각주관사 선정	예상 매각가 약 4000억	M&A
	STX중공업	STX메탈과 합병후 25% 지분매각	예상 매각가 500~1000억	투자 유치
	STX대련	제3자 배정 유상증자(중국 기관 대상)	미정	투자 유치
	해외 자원개발 법인	캐나다, 중국, 등 가스광구, 탄광 지분매각	미정	M&A

* 2013년까지 2조원 이상의 자금확보 및 부채 감축

STX팬오션의 실적 부진과 조선업 불황은 STX조선해양에도 악영향

을 미쳤다. STX조선해양은 2011년 영업이익 5982억 원, 순이익 1686억 원을 냈지만 2012년 영업손실 4034억 원에 순손실 7820억 원을 기록했다. 문제는 강 회장이 구축한 STX그룹이 이런 한방에 무너질 정도로 지배구조가 취약했다는 점이다. STX그룹은 순환출자 구조였다. 순환출자는 작은 지분으로 모든 계열사를 지배하고 영향력을 행사할 수 있는 방식이다. 반면 순환출자는 한 회사가 무너질 경우 다른 회사까지 연쇄적으로 무너질 수 있는 위험한 지배구조다.

STX그룹의 정점은 강 회장이 소유한 포스텍이었다. 강 회장은 70% 가량의 포스텍 지분을 통해 STX그룹 전체를 지배했다. 포스텍은 STX그룹의 지주회사 격인 STX의 지분 23.1%를 보유했다. STX는 STX조선해양(지분 30.6%), STX팬오션(27.4%), STX에너지(50.1%), STX엔진(33.6%)을 거느리고 있다. STX조선해양과 STX엔진이 각각 STX중공업 지분 28.0%와 29.2%를 소유하고 있었다. 재계의 한 관계자는 "강 회장은 세대가 달랐지만 대그룹을 만들어 가는 과정에서 김우중의 대우나 신선호의 율산과 똑같은 방식을 답습했다고 할 수 있다"며 "성공의 10년이 STX는 결코 무너지지 않을 것이라는 신화 속에 강 회장을 가둬놓고 말았다"고 말했다.

제 3장
웅진

'승자의 저주' 극동건설 법정관리에
웅진그룹은 휘청휘청

3장 | 웅진

'승자의 저주' 극동건설 법정관리에 웅진그룹은 휘청휘청

1. 웅진의 윤석금 회장

윤석금 회장은 1980년 자본금 7000만원의 출판회사 '웅진씽크빅'으로 사업을 시작했다. 이후 29년간 웅진을 14개 계열사에 웅진을 자산 기준 재계 34위(공기업 제외)의 중견그룹으로 성장시켰다. 2010년 창립 30주년을 앞두고 있는 웅진그룹은 교육출판, 생활환경가전, 식품, 건설 등의 다방면의 사업영역을 아우르며 올해 그룹 매출 5조원 클럽 가입을 눈앞에 두고 있었다.

서적 외판원에서 시작하여 맨손으로 출발해 재계 31위의 걸출한 재

벌기업을 키워낸 웅진의 윤석금 회장은 수많은 성공 신화의 주인공이었지만, 금융위기 이후 무리하게 사업을 확장하다 몰아닥친 위기를 넘지 못해 좌초하고 말았다.

웅진그룹의 역사

기간	내용	비고
1980년	웅진출판 설립	現 웅진씽크빅
1987년	웅진식품 인수	
1989년	한국코웨이 설립	現 코웨이
1990년	그룹 매출액 2000억원 달성	
1999년	아침햇살, 초록매실 출시	웅진식품, 2001년 누적판매 10억병 돌파
2000년	매출 1조 클럽 가입	
2004년	북센 출판물 종합유통센터 준공	
2006년	웅진에너지 설립	태양광용 잉곳 및 웨이퍼 생산
2007년	웅진패스원 설립	취업 및 직업 교육 시장 진출
	극동건설 인수	건설업 진출
	웅진홀딩스 설립	지주회사 체제 구축
2008년	웅진케미칼 인수	석유화학 사업 진출
	웅진폴리실리콘 설립	태양광용 폴리실리콘 생산
2010년	서울저축은행 인수	금융업 진출
2012년	웅진홀딩스, 극동건설 동반 법정관리 신청	
	웅진폴리실리콘 부도	
2013년	웅진코웨이 매각	MBK사모펀드, 1조2000억원
현재	웅진케미칼, 웅진식품 매각 결정	채권단과 합의
	법원 회생계획안 최종 제출(예정)	1월28일
	채권단 및 웅진홀딩스 이해당사자 관계인집회(예정)	2월20일

윤 회장에게는 말년에 운이 따라주지 않았다. 극동건설을 인수한 이듬해 예기치 않은 미국발 금융위기가 터졌고, 서울저축은행을 품에 안은 뒤에는 부산저축은행 사태라는 날벼락을 맞았다. 태양광 사업에 진출한 뒤에는 유럽발 부채위기로 태양광 부품 가격이 곤두박질쳤다. 위기의 '3각 파도'는 결국 그룹의 컨트롤타워인 웅진홀딩스를 삼켰고, 법정관리 신청 과정에서 보인 도덕적 해이 논란은 '원칙을 지키는 깨끗한 경영인'으로 인식돼 온 윤 회장의 이미지를 하루아침에 '꼼수와 탐욕의 화신'으로 추락시켰다. 비록 실패한 경영자로 역사의 뒤안길로

사라질 위기에 처했지만 2000년대 중반까지 윤 회장이 만들어온 성공 스토리마저 빛이 바래서는 안 된다는 목소리도 만만치 않다. 작은 출판사에서 시작해 대기업 반열에 오른 웅진의 성장 기록은 재벌체제의 틈바구니 속에서 역동성을 상실한 한국 경제가 곱씹어봐야 할 소중한 자산이기 때문이다.

윤 회장은 대학 졸업 뒤 취직 대신 사업에 뛰어들었다. 당시 음료 대리점을 운영했는데 자본과 경험 부족으로 1년여 만에 문을 닫았다. 사업 실패로 낙담해 있던 그는 27살이던 1971년 브리태니커 한국지사에 세일즈맨으로 일을 시작하면서 인생이 바뀌게 된다. 입사 첫달 그는 브리태니커 백과사전 27질을 팔았다. 한국지사가 설립된 이래 최고 기록을 신입사원이 세운 것이었다. 그는 요령 있게 설명할 수 있는 매뉴얼을 만들어 반복해서 외웠고, 신뢰감 있는 얼굴을 만들기 위해 매일 거울 앞에서 30분씩 표정짓기 연습을 했다. 영업을 위해 출장을 갈 때는 언제나 하루치 여관비와 이발비, 이튿날 아침을 먹을 수 있는 최소한의 돈만 준비해갔다. 출장지에서 계약을 성사시키지 못하면 그냥 굶겠다는 생각에서였다. 이렇게 악착같이 영업에 매달린 결과, 그는 입사 1년 만에 전세계 54개국 세일즈맨 가운데 1등을 차지했다.

윤 회장의 성공 스토리에서 가장 주목받는 부분은 웅진코웨이의 렌탈(rental, 대여) 사업이다. 윤 회장은 1989년 웅진코웨이를 설립해 정수기 사업에 진출했다. 그러나 1997년 외환위기로 매출이 절반으로 줄어들 정도의 위기에 처했다. 직접 웅진코웨이 사장으로 취임한 윤 회장은 '팔지 말고 빌려주자'는 생각을 떠올렸다. 일반 직장인에게 크게 부담되지 않을 월 2만7천원으로 정수기를 대여해주고 다달이 코디가 방문해 사후관리까지 해주는 시스템은 윤 회장의 아이디어였다.

렌탈 방식은 이후 정수기뿐 아니라 비데와 공기청정기 등 다양한 품목으로 확대됐고, 웅진코웨이는 그룹 내 최고의 알짜 기업이 됐다. 외환위기 때 15개였던 계열사를 7개로 통폐합하고, 그룹 내 랭킹 2위인 코리아나화장품을 과감히 매각하면서 위기를 극복해낸 것도 빠질 수 없는 대목이다. 윤 회장이 높이 평가받는 것은 사업 성공 때문만은 아니다. 그는 기업을 키우는 과정에서 회계 부정이나 비자금 문제로 구설에 오른 적이 단 한 번도 없었고, 친·인척에게 자리를 알선하거나 일감을 몰아주지 않았다. 말 그대로 '정도(正道)경영'을 실천한 경영인이었던 셈이다.

2. 웅진그룹의 위기

하지만 윤 회장의 성공 신화는 여기까지였다. 2000년대 중반 이후 그는 핵심 역량에 집중하기보다 인수·합병(M&A)이나 새로운 투자를 통한 덩치 키우기에 몰두했다. 기존에 해왔던 출판·식품·생활가전 사업과는 비교할 수 없을 만큼 규모가 크고 리스크도 만만찮은 건설·태양광·금융 등에 투자해 재계 순위 30위권의 그룹으로 몸집을 불렸지만 영광은 오래가지 않았다.

회장의 직접적 몰락은 2007년 극동건설 인수에서 시작됐다. 당시 그는 론스타펀드로부터 시장 평가액보다 2배나 비싼 6600억원에 극동건설을 사들였다. 2003년 1700억원에 극동건설을 인수했던 론스타는 고배당과 유상감자 등으로 투자금을 다 회수한 뒤 껍데기만 남은 극동건설을 웅진에 넘겼다. 인수 1년 뒤 미국발 금융위기까지 터지면서 극동건설은 유동성 위기에 처했다. 극동건설을 살리기 위해 웅진홀딩스를 통해 4천억원 이상의 자금을 쏟아부었지만 결국 극동건설도 웅진홀딩스도 수렁에 빠져들었다.

극동건설은 지난 25일 만기 도래한 어음 150억 원을 결제하지 못해 1차 부도를 냈고 주채권은행인 신한은행과 만기 연장 협상에 실패해 법정관리를 통한 회생의 길을 택할 수밖에 없었다. 극동건설의 최대 주주로서 1조 839억 원의 연대보증을 써 준 웅진홀딩스도 연쇄도산을 우려해 법정관리를 신청했다. 웅진홀딩스는 극동건설의 주식지분 89%를 보유하고 있다.

건설불경기와 국내 내수경기 불황이 장기화되면서 극동건설까지 포함해 100대 건설사 가운데 법정관리나 워크아웃을 신청한 기업이 20

웅진 그룹 사태 일지 및 향후 계획

2007년 8월	극동건설 인수
2012년 2월	웅진코웨이 매각 발표
7월	KTB PE와 웅진코웨이 인수 위한 양해각서(MOU) 체결
8월	MBK파트너스로 매각처 변경, 웅진코웨이 매각 본 계약 체결
9월 26일	웅진홀딩스·극동건설 법정관리 신청
10월 5일	윤석금 회장, 웅진홀딩스 대표이사 사퇴
10월 11일	신광수(웅진홀딩스)· 김정훈(극동건설) 대표, 법정관리인 선임
2013년	채무 3011억원 상환
2018년	채무 1조6000억원 전액 상환

※향후 계획은 웅진그룹이 독자적으로 세운 것으로 채권단과 법원의 동의·승인 필요

자료:웅진그룹

여개로 증가했다. 극동건설은 전년도 72억원의 순손실에서 올해 상반기 49억원의 당기순이익을 기록하며 어려운 상황을 극복하는 듯 했지만 회사 이익이 감당할 수 없는 규모의 부채는 어쩔 수 없었다.

올 상반기 말 기준 단기차입금이 4천 164억원으로 6개월 사이 751억원 늘었고 앞으로 1년 이내 갚아야 할 차입금도 534억원으로 466억원이나 증가해 금융권의 지원없이 독자적으로 재정위기를 극복해내기에는 역부족이었다. 이날 극동건설이 법정관리를 신청하면서 결과적으로 지난 2008년 글로벌 금융위기부터 시작된 국내 건설경기 침체의 늪에서 끝내 벗어나지 못하게 됐다.

3. 웅진그룹의 회생 가능성

하지만 기업 회생 절차(법정 관리) 중인 웅진그룹이 다시 살아날 조짐을 보이고 있다. 2013년 말 변제 예정인 700억 원의 채무를 지난해 12월 말 앞당겨 갚으면서 현재까지 약 82% 채무를 변제했다. 12월 27일엔 웅진홀딩스 최대 주주가 윤석금 회장에서 아들 형덕(웅진씽크빅 경영전략실장), 새봄(웅진케미칼 경영기획실장) 씨로 변경됐다고 공시했다. 자연스럽게 '법정 관리 조기 졸업'과 '2세 경영' 시나리오가 흘러나오고 있다. 아직 완전한 회생이라고 말하기엔 이르지만 재기의 그림을 그려볼 수 있는 상황이다. 일부 관측대로 조만간 법정 관리 조기 졸업이 현실화된다면 초고속 졸업 선례를 남기게 된다. '무너진 샐러리맨 신화'의 오명을 남긴 웅진그룹. 시장에 큰 충격을 안기며 좌초된 기업이 어떻게 이렇게 빠르게 살아날 수 있게 된 것일까.

웅진그룹이 법정 관리에 들어선 것은 2012년 9월이다. 이후 웅진그룹은 STX그룹·동양그룹 등과 함께 낙인찍히며 시장의 관심에서 멀어지는 듯했다. 다시 관심을 받기 시작한 것은 웅진그룹이 채무 '조기 변제'를 실시하면서다. 당초 회생 계획안에 따라 채무는 10년간 분할 상환할 수 있지만 웅진은 자금이 생길 때마다 지금까지 총 3번에 걸쳐 변제했다. 1차로 2013년 6월 1150억 원 규모의 회생 채권을 조기 변제했고 12월 3700억 원과 2014년 말 변제 예정인 700억 원을 연이어 갚았다. 웅진홀딩스는 앞서 2872억 원은 출자 전환하고 5718억 원은 코웨이 매각 대금으로 현금 변제했다. 이로써 웅진그룹이 향후 추가로 갚아야 할 채무는 총 1조5109억 원에서 약 2630억 원으로 대폭 줄어들었다.

웅진이 빠르게 자금을 확보할 수 있었던 것은 알짜 계열사를 예상가보다 높은 가격에 매각했기 때문이다. 회생 계획안에 따르면 웅진홀딩스는 지난해 웅진케미칼과 웅진식품을 매각하고 웅진에너지와 웅진플레이도시는 2014년과 2015년에 각각 매각하기로 돼 있다.

그러나 앞서 코웨이·케미칼·식품 등 3개 계열사를 성공적으로 매각하면서 종잣돈을 마련할 수 있었다. 지난해 1월 웅진코웨이를 MBK파트너스에 1조 원대에 팔아 매각 자금으로 채무자들에게 현금 70%까지 변제한 바 있다. 조기 매각으로 통상 30% 수준에서 현금 변제가 이뤄지던 것에 비해 높은 수준의 배상이다. 웅진식품은 당초 매각 가격이 500억 원 정도를 예상했지만 실제 매각에선 사모 펀드 한앤컴퍼니에 예상 가격의 두 배가 훌쩍 넘은 1150억 원에 팔았다. 웅진케미칼도 당초 2500억 원을 받고 매각하기로 했는데 실제 매각에선 일본 소재 기업 자회사인 도레이첨단소재에 4300억 원에 넘겼다.

회생 계획안에 처음부터 보수적인 금액이 책정돼 있었던 것도 기대 이상의 성적을 낼 수 있었던 이유가 됐다. 시장 상황을 감안해 경영권 프리미엄 없이 보수적으로 채무 계획이 세워졌고 실제 매각을 진행할 때는 실제 영업이익과 시장가치에 따라 제값을 받았다는 설명이다. 일례로 코웨이는 장부가 가격이 6500억 원인 반면 매각은 1조 원이 넘는 금액에 팔려 장부가 대비 2배 가격에 매각됐다.

이처럼 웅진 계열사 매각이 성공적으로 추진된데다 윤 회장이 사기성 기업어음(CP) 발행 혐의로 검찰 수사를 받았지만 아무런 혐의가 없는 것으로 밝혀지면서 웅진그룹 재기에 청신호가 켜졌다. 웅진그룹 관계자는 "다른 그룹은 세금 포탈이나 차명 계좌, CP 불완전 판매 이슈로 문제가 커진 반면 웅진은 그러한 법적 이슈가 없어 재무적인 문제만 봉합하면 회복이 빠를 것으로 기대된다"고 말했다.

그렇다면 향후 웅진그룹은 어떻게 다시 일어설 계획일까. 우선 법정 관리 졸업의 산을 넘어야 한다. 조기 졸업 절차는 채권단 의견을 구한 후 법원의 판단 하에 결정된다. 법무법인 화우의 한상구 변호사는 "요즘엔 법원이 조기 종결하려는 경향이 있다"며 "채무를 80% 정도 변제했고 변제 계획상 특별히 문제 될 게 없다면 종결될 가능성이 높다"고 말했다. 웅진그룹은 남은 채무 2630억 원 중 웅진케미칼 잔금으로 1170억 원을 추가로 확보해 놓은 상황이다.

이처럼 법정 관리를 졸업하면 기업이 누릴 수 있는 가장 큰 효과는 독자적 경영권 회복이다. 법원의 감독을 벗어나 자체적인 경영을 할 수 있게 된다. 웅진그룹이 남아 있는 계열사에 대한 경영권을 갖게 되는 것이다. 2014~2015년 매각이 예정돼 있는 웅진에너지(태양광)와 웅진플레이도시(리조트)를 건질 수 있는 가능성이 열린다. 한 증권사 애널리스트는 "법정 관리에서 정한 채무를 다 갚을 수 있다면 웅진에너지와 웅진플레이도시는 굳이 매각하지 않아도 된다"며 "빠른 경영권 회복이 목적이었다면 계열사 정리와 채무 변제의 수순은 성공적이었다고 볼 수 있다"고 말했다.

웅진그룹은 결국 알짜 계열사를 매각하고 결국 최소한의 '씨앗'을 만들어 놓았다. 모태인 싱크빅이 그것이다. 백과사전 판매왕이었던 윤석금 DNA를 다시 심는 것이다. 현재 웅진홀딩스는 학습지 웅진 싱크빅과 출판유통 북센을 중심으로 돌아가고 있다.

웅진그룹 지주사 웅진홀딩스가 법정관리 졸업을 눈앞에 뒀다. 채무액의 90% 이상을 갚을 수 있는 자금을 확보한 덕분이다. 웅진이 법정관리를 졸업하면 '샐러리맨의 신화'를 일궈온 윤석금 회장이 보란 듯이 재기할 수 있을지 재계 관심이 쏠린다.

법정관리 절차를 밟아온 웅진그룹은 회생계획안에 따라 코웨이, 식품, 케미칼 등 주력 계열사 매각을 순차적으로 진행해왔다. 다행히 매각 과정은 비교적 성공적이라는 평가를 받는다. 웅진코웨이는 MBK파트너스, 웅진식품은 한앤컴퍼니, 웅진케미칼은 도레이첨단소재가 각각 인수했다.

웅진식품의 경우 당초 매각 가격으로 500억 원 정도 예상했지만 실제로는 예상 가격의 두 배가 넘는 가격(1150억 원)에 팔렸다. 초록매실, 아침햇살, 하늘보리 등 히트상품을 연달아 내놨던 음료업계 3위 기업 웅진식품의 가능성이 높은 평가를 받았기 때문이다.

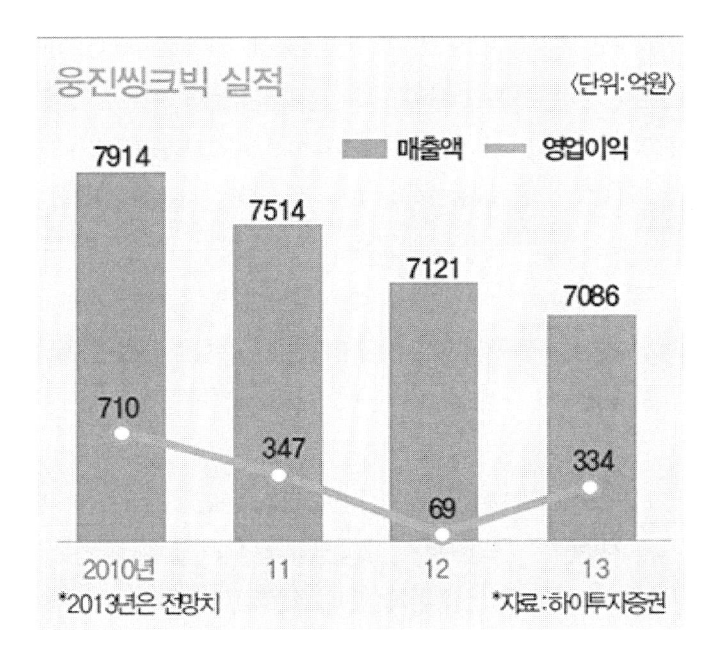

당초 한영회계법인이 회사 적정 가치를 2000억원가량으로 평가했던 웅진케미칼도 실제로는 4300억원을 받아 목표 가격을 훌쩍 넘겼

다. LG화학, GS에너지, 롯데케미칼 등 내로라하는 대기업들이 잇따라 인수 경쟁에 뛰어들면서 몸값이 치솟았다. 웅진코웨이는 이미 2013년 1월 1조1914억원에 MBK파트너스에 팔렸다.

식품, 케미칼 등 주력 계열사가 팔려나가면서 웅진홀딩스 자금 사정도 넉넉해졌다. 웅진케미칼, 웅진식품 매각대금으로 웅진홀딩스는 채무 3770억원을 한꺼번에 상환하기로 했다. 기존 채무 3070억원을 포함해 새해 중 갚기로 한 700억원까지 일찌감치 갚아버렸다.

이에 따라 웅진홀딩스는 2012년 9월 법정관리 신청 당시 담보채권과 회생채권 등 총 1조5109억원이던 채무액 중 80%를 넘는 1조2360억원을 갚게 됐다. 앞으로 갚아야 할 웅진홀딩스의 확정 채무는 2700억원 정도에 불과하다. 또 이 돈은 회생 계획에 따라 10년간 분할상환할 수 있다. 법원 판단에 달려 있지만 빠르면 새해 1~2월 법정관리 졸업이 가능할 전망이다. 웅진그룹이 대부분 빚을 갚을 수 있었던 비결은 시장에서 팔릴 만한 주력 계열사부터 서둘러 매각한 덕분이다. 2013년 1월 매각한 웅진코웨이를 비롯해 웅진식품, 웅진케미칼 모두 꾸준히 수익을 내며 알짜 회사로 불렸던 업체들이다. 덕분에 매각 가격도 시장 예상보다 훨씬 높았다. 윤석금 회장은 일찌감치 "웅진그룹의 모태로 돌아가겠다"며 웅진씽크빅과 북센 등 학습지, 출판 회사를 제외한 모든 계열사를 포기하겠다고 선언한 바 있다.

웅진그룹 회생계획안에 따르면 웅진홀딩스는 2013년 웅진케미칼과 웅진식품, 새해에는 웅진에너지, 2015년에는 웅진플레이도시를 각각 매각하기로 돼 있었다. 이를 통해 전체 현금채무의 70~80%를 2년 동안 갚고 나머지를 2022년까지 분할상환한다는 계산이었다.

하지만 웅진홀딩스가 코웨이와 케미칼, 식품 등 3개 계열사를 성공적으로 매각하면서 당초 매각할 예정이었던 웅진에너지와 웅진플레이도시는 계열사로 계속 보유할 가능성도 높아졌다. 법정관리 회생계획 안에서 정한 채무만 갚으면 굳이 나머지 계열사는 매각하지 않아도 되기 때문이다.

따라서 웅진그룹은 머지않아 새로운 모습으로 재편될 전망이다. 윤석금 회장이 이끌어온 웅진그룹은 원래 웅진코웨이, 웅진케미칼, 웅진씽크빅 등 3개 계열사가 주축을 이뤘다. 하지만 코웨이와 케미칼이 이미 팔려나간 만큼 이제 남은 웅진씽크빅이 주력 계열사다. 지주사인 웅진홀딩스와 웅진씽크빅, 북센(출판 물류회사)을 비롯해 웅진에너지, 웅진플레이도시까지 아우른 소규모 그룹이 됐다. 웅진그룹 모태기업인 웅진씽크빅은 2013년 3분기 매출이 1517억원으로 2012년 3분기보다 8%가량 줄었지만 영업이익이 35억원으로 흑자전환했다. 2012년부터 수학학원 사업에서 철수하고 2013년 자회사 웅진패스원 보유 지분을 매각하는 등 뼈를 깎는 구조조정으로 재무구조 개선에 나선 덕분이다.

하준영 하이투자증권 애널리스트는 "웅진씽크빅은 2012년 적자 사업부를 대규모 구조조정해 턴어라운드 계기를 마련했다. 정부 양육수당 지원 대상이 늘면서 유아 학습지 시장이 확대되면 유아 학습지 시장 1위 업체인 웅진씽크빅이 최대 수혜를 입을 것"이라고 내다봤다.

웅진홀딩스 채무 2700억원만 남았다

문제는 태양광 사업을 주력으로 하는 웅진에너지다. 2011년 매출 3133억원, 영업이익 263억원이라는 양호한 실적을 거뒀지만 태양광 업황이 악화되면서 2013년 상반기에는 매출 570억원에 영업손실

173억원의 초라한 성적표를 냈다. 웅진에너지와 마찬가지로 태양광 사업을 해온 웅진폴리실리콘은 이미 폐업한 상태다. 태양광 경기가 웅진그룹 부활의 중요한 변수가 될 것이란 의미다.

경기 부천에 위치한 테마파크 웅진플레이도시 역시 2012년 493억원 매출에 173억원 영업이익을 올렸지만 순손실만 318억원을 기록해 재무구조가 불안한 모습이다. 웅진그룹 재편 과정에서 윤석금 회장이 어떤 역할을 할지도 관심이 쏠린다. 윤 회장은 1980년 직원 7명, 자본금 7000만원으로 도서출판 해임인터내셔널(현 웅진씽크빅)을 설립하며 사업을 키워왔다. 창립 30여년 만에 매출 6조원, 재계 30위권 그룹으로 성장하면서 '외판원 신화'를 일궜다. 하지만 2007년 론스타로부터 6600억원에 극동건설을 인수하는 과정에서 대부분 인수대금을 차입금으로 부담한 게 독이 됐다. 설상가상 건설 경기가 악화된 게 결정적으로 웅진그룹 발목을 잡았다. 엎친 데 덮친 격으로 태양광 에너지를 신사업으로 추진했지만 전 세계 태양광 경기가 악화되면서 현금흐름에 빨간불이 들어왔고 이는 결국 그룹 해체로 이어졌다.

게다가 윤석금 회장은 2013년 8월 웅진홀딩스 명의로 CP(기업어음) 1198억원어치를 부당 발행한 혐의 등으로 불구속 기소됐다. 이에 앞서 6월에는 웅진홀딩스를 비롯한 계열사 사무실 10곳이 압수수색을 당한 이후 검찰의 소환조사까지 받아야 했다. 현재 윤 회장은 배임과 사기 혐의로 불구속 기소돼 재판을 받는 상황이라 경영에서는 당연히 손을 뗐다. 그러나 재계에선 윤 회장이 이대로 주저앉진 않을 것으로 내다본다. 만약 주력 계열사 웅진씽크빅까지 매각했더라면 웅진그룹이 사실상 청산되는 수순이 됐을 터다. 하지만 윤 회장이 채권단 협상 과정에서 사재까지 출연하면서 씽크빅은 남겨둔 만큼 얼마든지 재기가 가능하다는 분석이다.

일단 웅진이 법정관리에서 졸업하면 윤석금 회장 대신 윤 회장 두 아들인 윤형덕, 윤새봄 형제가 중요한 역할을 맡을 것으로 보인다. 이미 법정관리에 따른 대주주 감자로 윤 회장의 웅진홀딩스 지분은 73%에서 7.38%로 줄었고 지난 12월 27일에는 윤 회장이 웅진홀딩스 지분 전량을 두 아들에게 넘겼다. 이에 따라 두 아들 지분은 각각 148만5197주씩 늘었다. 윤형덕 씨가 156만8595주(3.67%), 윤새봄 씨는 155만2083주(3.63%)를 보유해 웅진홀딩스 최대주주가 윤형덕 씨로 바뀌었다. 두 아들은 웅진그룹 회생계획안에 따라 유상증자를 통해 웅진홀딩스 지분의 최대 25%까지 우선 인수할 수 있는 권한도 갖고 있다. 윤 회장의 두 아들은 이미 계열사에서 경영 수업을 받고 있다. 장남 윤형덕 씨는 웅진씽크빅 경영전략실장으로 근무 중이다. 웅진케미칼 경영기획실장인 윤새봄 씨는 웅진케미칼 매각 작업이 마무리되는 대로 웅진홀딩스나 웅진씽크빅으로 자리를 옮겨 경영 전면에 나설 것으로 보인다. 법정관리가 끝나면 3월쯤 열릴 주주총회에서 장남인 윤형덕 실장이 등기이사에 오르면서 경영 승계 작업이 본격화될 것이라는 전망이 대세다.

4. 웅진그룹의 시사점

2008년에는 웅진폴리실리콘을 설립하며 태양광 사업을 그룹의 향후 성장 동력으로 키우려 했지만, 글로벌 경기 침체의 직격탄을 맞아 애물단지로 전락했다. 2010년 서울저축은행도 부실의 늪에서 헤어나지 못했다. 윤 회장은 인수대금과 유상증자 등으로 서울저축은행에 2800억 원을 쏟아부었지만 자본 잠식을 면치 못했다. 결국 인수하거나 투자한 세 가지 사업 아이템이 모두 위기를 맞으면서 그룹 전체의 위기로 이어진 것이다.

윤 회장의 무리한 확장뿐 아니라 잘못된 용인술도 웅진그룹이 몰락하는 원인이 됐다는 평가가 나온다. 실제 윤 회장은 공격적인 인수·합병으로 그룹을 키우는 과정에서 외국계 컨설팅회사 출신의 젊은 인사들을 중용하고 이들에게 지나치게 의존했다. 반면 오랫동안 함께 일해 웅진의 기업문화를 잘 이해하는 내부 인사들은 하나둘 자리를 떠났다.

비주력 분야 무리한 투자가 위기 불러 백과사전 외판사원에서 출발해 창업 32년 만에 재계 순위 31위(자산 기준) 그룹을 일궈낸 '샐러리맨 신화'의 몰락은 윤 회장 스스로 인정하듯 자만심에서 비롯됐다. 방문판매·렌탈 사업 등 그룹의 핵심 역량에서 거둔 눈부신 성공과 윤 회장 특유의 '긍정의 철학'은 과도한 자신감으로 이어졌고, 이는 잘 모르는 분야인 건설과 태양광·금융에 대해 무리한 투자 결정을 낳았다. 운도 따라주지 않았다. 다시 웅진이 제대로 부활할 수 있을지 주목된다.

제 4장
동양

이북 출신 이양구 회장의 성공신화 '동양그룹'

경영진 오판으로 '동양사태' 발발

4장 | 동양

이북 출신 이양구 회장의 성공신화 '동양그룹'

경영진 오판으로 '동양사태' 발발

1. 동양그룹과 현재현 회장

현재현(玄在賢, 1949년 2월 12일~)은 대한민국의 기업인으로 2013년 기준으로 동양그룹의 회장이다. 고려대학교 초대 총장을 지낸 고 현상윤 총장이 조부이며, 이화여대 의대 교수를 역임한 고 현인섭씨가 부친이다. 동양그룹 창업주 고 이양구 회장의 첫째 사위다.

동양그룹의 역사를 보면 말 그대로

파란만장했다. 창업주인 서남(瑞南) 이양구 회장은 일제시대인 1916년 함경남도 함주에서 태어났다. 어린 나이에 부친을 여읜 그는 적수공권으로 과자도매상까지 차린 억척같은 사내였다. 하지만 그는 6·25전쟁으로 모든 것을 한꺼번에 잃고 월남한 뒤 서울에서 자전거 한 대로 과자행상을 해 억대 갑부로 재기했다. 이후 손을 댄 설탕도매업으로 일약 재벌이 된 그는 1956년 풍국제과(동양제과의 전신)를 인수했고, 이듬해에는 이병철 삼성 회장과 함께 삼척시멘트(현 동양메이저)를 사들이면서 당시 재계에서 5대 재벌로 꼽혔다.

2. 동양그룹의 위기

하지만 승승장구하던 이 회장은 지나친 사업 확장으로 사채 빚이 눈덩이처럼 불어나 결국 1971년 동양시멘트가 법정관리에 들어가면서 고비를 맞았다. 위기에 처했던 그는 1년 만에 다시 재기에 성공하며 화려하게 경영 일선에 복귀한 뒤 국일증권(현 동양증권) 등 회사를 인수하거나 설립해 계속 사업을 확장했다.

이양구 회장이 타계한 뒤 현재현 회장이 그룹 경영을 이끌다가 2002년 담철곤 회장에게 동양제과를 넘기면서 분가했다.

분가 이후 동양그룹과 오리온그룹은 나름대로 신사업을 추진하면서 독자행보를 걸었지만, 결국 예전의 화려했던 영광을 되찾지는 못하였다. 국내에선 드문 '사위 경영'이라는 이색적 경영방식으로 유명했던, 동양그룹이 주 계열사에 대한 법정관리를 신청한 것. 30여 개에 이르는 계열사와 한때 재계 서열 10위권을 호령했던 동양그룹은 힘 한번 못 써보고 무너져 내리기 시작했다.

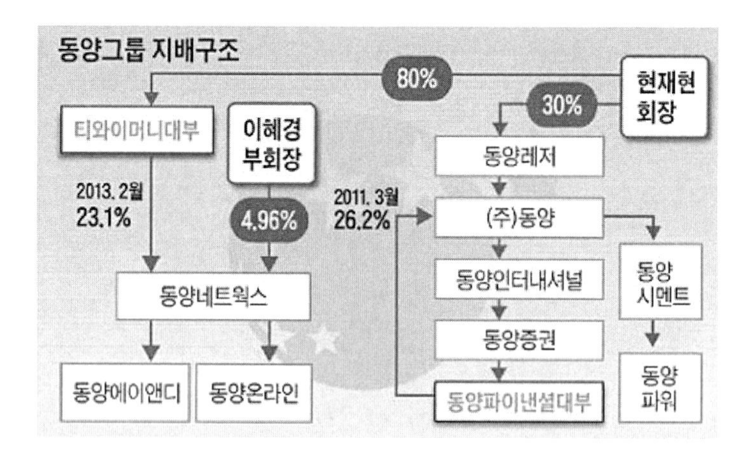

동양그룹의 사위 경영

동양그룹의 역사는 지난 1956년으로 거슬러 올라간다. 창업주는 지난 1989년 별세한 이양구 회장. 국내 굴지의 대기업이 그렇듯 이 회장 역시 숱한 성공 스토리를 써내려간 재계의 '신화'적 존재이다.

함경도 함주 출신으로 알려진 이 회장은 일제 강점기 시절 대부분이 그렇듯 가난의 연속으로 점철된 어린 시절을 보내야만 했다. 성공에 대한 열망이 있던 그는 일찌감치 일본인이 운영하던 식료품 도매상에 취직해 돈벌이에 나섰고, 이 과정에서 사업 감각을 갈고닦아 이후 식품도매업에 종사하게 된다.

이 회장은 1945년 서울에 정착해 과자 행상을 시작했고, 이를 발판으로 한국전쟁 당시 부산·경남 지역에서 '설탕왕'으로 거듭났다. 이후 1955년 공동 출자로 동양제당공업주식회사를 설립, 당시 과자 공장을 보유하고 있던 풍국제과를 인수해 지난 1956년 동양제과공업을 설립했다. 이 동양제과공업이 동양그룹의 시작이었다.

이후 동양그룹은 사업 분야를 넓혀갔다. 지난 1957년 삼척시멘트 인수를 시작으로 해당 업계에 진출, 동양시멘트공업주식회사를 출범하며 거칠 것 없는 행보를 펼쳐나가며 그룹의 초석을 다졌다.

동양그룹의 바통을 이어받은 것은 이 회장의 혈육이 아닌 사위 현재현 동양그룹 회장. 동양그룹은 국내에서 드물게 사위 경영을 하는 것으로 업계의 이목을 끌어왔다. 창업주 이 회장이 이북에서 혈혈단신으로 월남한 것과, 슬하에 딸만 둘을 두는 등의 이유가 있었기 때문이다.

지난 1976년 당시 부산지검 검사로 재직하던 현 회장이 장녀 이혜경 동양그룹 부회장과 결혼했고, 이 회장은 사위를 그룹 후계자로 지목했다. 당초부터 이 회장은 자식들의 결혼과 사업을 분리시켜야 한다는 가치관을 가지고 있었고, 장녀의 배우자인 현 회장의 인품과 능력을 중요하게 판단, 후계자로 지목한 것으로 전해졌다. 서울대 법대 3학년 당시 사법고시를 패스한 현 회장은 집안의 중매로 이 부회장과 결혼했다. 현 회장은 그룹 후계자로 지목된 이후 장인인 이 회장으로부터 철저한 경영 수업을 받아야만 했다. 이 회장은 현 회장이 미국 스탠퍼드에서 MBA를 마치고 돌아오자, 직접 현장에 데리고 다니며 직접 실전 경영 수업을 전수한 것으로 전해진다.

그리고 지난 1989년 창업주 이 회장이 별세함에 따라 경영권은 자연스레 현 회장에게로 이어졌다. 동양그룹은 현 회장이 맡았고, 둘째 사위 담철곤 오리온그룹 회장이 동양제과를 인수했다. 이들은 이후 약 13년간 독자 경영을 하다, 지난 2001년 9월 동양제과가 계열분리돼 나갔다.

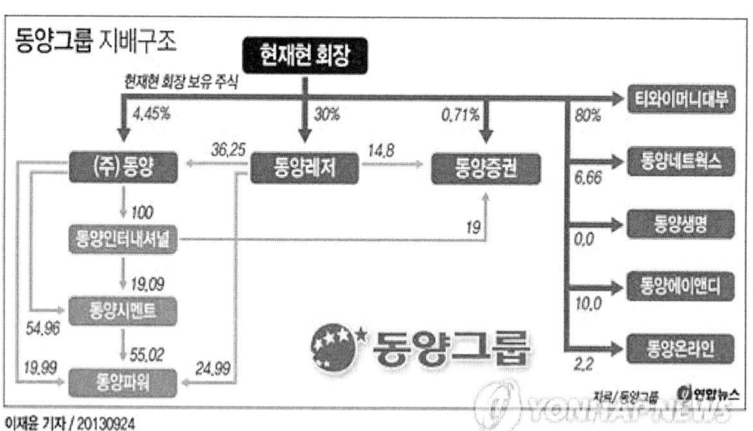

현 회장 체제의 동양그룹은 창업주 이 회장과 180도 달랐다. 현 회장은 금융 부문에 주력하며 몸집을 불려나가기 시작했다. 문제는 현 회장 체제가 시작된 지 약 20년이 경과했을 무렵, 먹구름이 드리우기 시작했다는 것이다. 그룹의 본래 주력 사업이던 시멘트 사업이 건설 경기 악화로 인해 휘청거리기 시작했기 때문이다.

발단은 글로벌 금융위기였다. 지난 2008년 전 세계적 경기 불황으로 인해 건설 경기는 극도의 부진에 시달리기 시작했다. 이로 인해 동양그룹의 근간 사업 분야라고 할 수 있는 시멘트 사업이 치명타를 입게 될 수밖에 없었던 것. 동양시멘트의 실적악화는 이내 그룹 전체로 번져나가고 말았다.

동양그룹이 손가락만 빨고 있었던 것은 아니다. 동양그룹은 당초 부실 사업부문을 정리하고 '시멘트', '화력발전', '금융부문' 등을 중심으로 사업 구조를 재편한다는 계획이었다. 이를 위해 2012년 말부터 레미콘 공장, 창공, 폐열발전소 등을 잇따라 처분했다. 특히 기업 미래 성장동력으로 삼았던 에너지 부문의 지분도 포기하려 했다.

자산매각 등을 통해 위기 상황을 타개하려 했던 동양그룹이지만 이 같은 계획은 번번이 무산되고 말았다.

동양그룹은 실적 악화로 인한 유동성 문제를 해결하기 위해 한일합섬 매각을 위한 협상을 벌였지만 막판 결렬되고 말았다. 뿐만 아니라 같은 해 그간 알짜로 알려진 동양매직의 협상과 관련, 우선협상자로 교원그룹을 선정하기까지 했으나 계약 직전에 무산됐다. 계약 무산의 원인은 매각가였다. 동양그룹은 매각가로 2500억 원을 희망했으나, 교원은 이보다 300억 원 정도 적은 금액을 제시한 것으로 알려졌기 때문이다. 이후 동양그룹은 협상대상자를 교원그룹에서 KTB로 변경했지만, KTB 역시 동양매직 인수를 포기했다.

동양그룹 5개사 법정관리 향후 일정

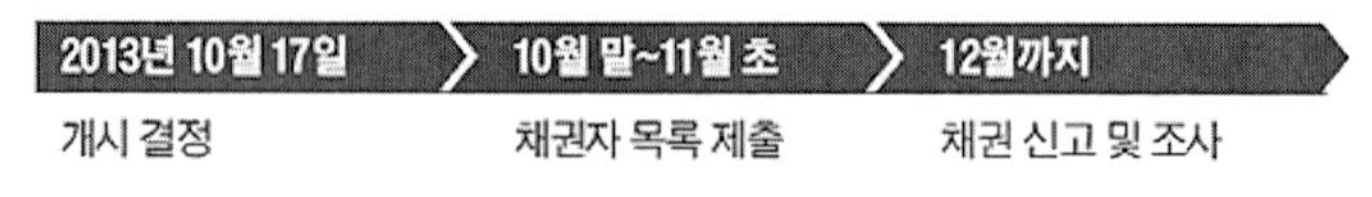

2014년 1월 초

관계인 집회(회생 계획안 법원이 인가할 경우 채무 변제 절차 진행)

동양 법정관리 신청 5개사 재무 현황

부채비율(부채 총액/자기자본·6월 말 기준, 단위: %)

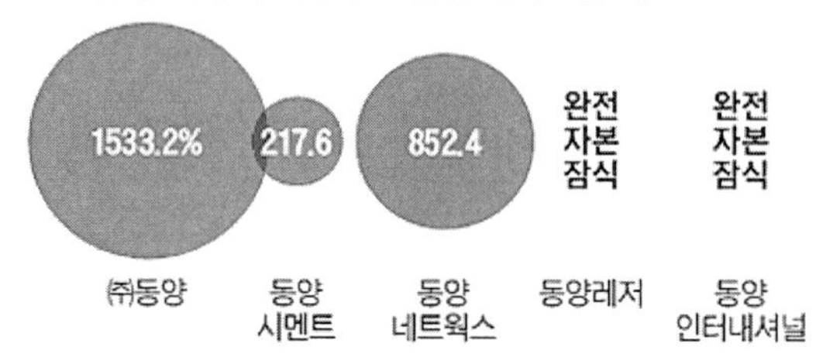

미상환 CP·전단채·회사채 잔액(9월 30일 기준, 단위: 원)

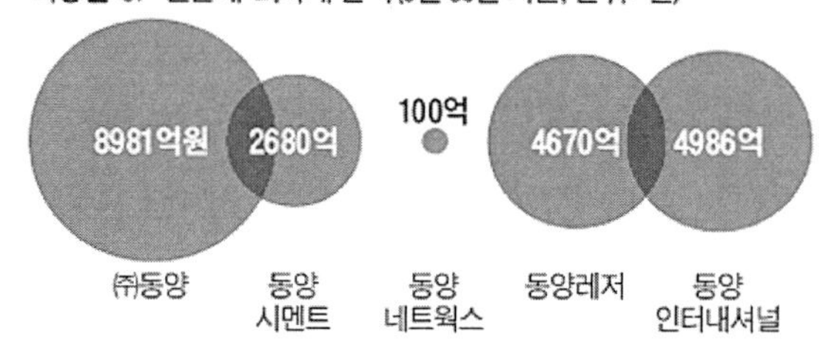

미래 성장동력 사업의 핵심이었던 동양파워의 매각도 시도했다. 하지만 이마저도 타 자산매각 시도와 같이 성사 직전에 무산됐다. 1조원 이상의 기업 가치를 지니고 있던 동양파워 매각 협상 과정에서 동양그룹이 경영권 이외의 지분만 팔려고 했던 것으로 전해졌고, 결국 협상은 결렬될 수밖에 없었다. 당장 발등에 불이 떨어진 상황이었다. 그

도 그럴 것이 2013년 9월30일까지 만기가 돌아오는 금액 채무는 총 1070억원. 이를 확보하지 못할 경우, 동양그룹의 앞날은 불 보듯 뻔한 일이었다. 이에 현 회장은 수단 방법을 가릴 겨를이 없었고, 동서 담철곤 오리온그룹에 SOS를 보내기에 이른다.

현 회장은 가족모임을 통해 담 회장에게 도움을 요청했다. 오리온그룹의 지원을 통해 유동성 위기를 극복할 수 있도록 도와달라는 것. 사실상 동양그룹이 마지막으로 기댈 수 있는 유일한 카드였다. 하지만 담 회장 측은 난색을 표한 것으로 알려졌다. "개인 주식을 담보로 넣을 경우 다른 주주들의 반발과 경영권 위협이 초래될 수 있다"는 것이 이유였다. 여론의 이목이 오리온그룹의 지원 여부에 쏠려 있던 가운데, 마지막 카드가 무산된 것. 이에 동양그룹은 계열사 및 자산 매각을 통해 유동성을 확보하겠다고 밝혔다. 당시 동양그룹 관계자는 "오리온의 지원이 무산된 만큼 다른 대안을 찾고 있다"고 말했다. 이는 동양그룹 계열사 중 동양파워·매직 등 덩치 큰 계열사의 매각을 통해 급한 불을 끄겠다는 것. 문제는 채무 상환 기간까지의 시점이 채 한 달도 남지 않은 상황이었다는 것이다.

설상가상 채권단의 지원이나 금융당국의 협조도 기대할 수 없었던 상태. 이와 관련해 금융당국 관계자는 "동양그룹은 주 채무계열도 아닌데다 은행권 여신도 5000억원 미만이라 자율협약 등 구조조정 대상이 아니어서 사실상 금융당국으로서도 손쓸 방법이 없다"며 "대주주가 문제를 해결하지 못하면 법정관리밖에 없을 것"이라고 말했다.

속절없이 무너지다

동양그룹이 심각한 '자금 경색'에 시달리고 있는 가운데 그룹의 운명을 결정짓게 될 2013년 9월 30일. 동양그룹은 이날까지 상환해야 할 채무 총 1070억 원 중, 600억 원을 확보하는데 그쳤고, 지주사격인 동양과 비상장 동양레저, 동양인터내셔널 등 3개 계열사에 대해 법정관리를 신청했다. 또한 그해 10월 1일, 동양그룹은 동양네트웍스와 동양시멘트에 대한 법정관리도 신청했다.

이틀간에 동양그룹은 그룹 근간이 되는 계열사에 대한 법정관리를 신청했다. 일각에선 현 회장 일가의 재기 가능성도 점쳐졌다. 하지만 시일이 지나고 있는 가운데 동양생명이 계열분리를 해나가며 각자도생의 길을 걷게 됐고, 동양그룹은 사실상 해체되기에 이르렀다.

지난해 11월 당시만 해도 총 계열사 34개를 거느린 재계 순위 38위 대기업 동양그룹은 속절없이 무너졌다. 해체 직전 계열분리를 통해 빠져나간 동양생명을 제외한 동양그룹의 자산은 6조4544억원. 이 중 회생절차에 들어간 5개 계열사의 자산합계는 4조4766억원으로 전체 그룹 자산의 69.4%에 해당했고, 이들의 법정관리로 인해 금융당국이 지정하는 상호출자제한 대기업집단의 기준인 5조원을 충족시키지 못하며, 그 명단에서 제외됐고, 그룹 실체도 사실상 사라지고 말았다.

업계 안팎에선 동양그룹의 몰락 원인으로 더뎠던 자산 매각 과정, 구조조정 시기 오판, 기업 환경 변화에 미온적 대응, 경영진을 꼽고 있다. 특히 이 중에서 경영진은 동양그룹의 첫 번째 몰락원인으로 지목되고 있다.

동양사태 발생 이후 연일 언론엔 김철 전 동양네트웍스 대표 이름이 오르내렸다. 김 전 대표는 동양그룹 내부에 존재하는 비선라인의 대표로 지목된다. 현 회장 단독경영 체제에서 이혜경 부회장이 경영에 뛰어들며 전면에 부상한 김 전 대표와 기존 경영진 사이에서 갈등이 발생했고, 이로 인해 내부에 균열이 발생했다는 것. 이 부회장과 김 전 대표로 대표되는 비선라인이 그룹 컨트롤타워를 배제한 채 계열사 등 자산 매각을 지연시키고 시장성 차입금으로 회사를 연명시킨 것도 이들이라는 주장도 있다. 무엇보다도 심각한 문제는 동양그룹이 몰락하는 과정에서 일반 개미 투자자들의 대규모 피해가 발생했다는 점이다. 동양사태는 그룹의 몰락을 이야기하는 것이면서도 사실상 현 회장을 중심으로 한 경영진들의 사기성 CP발행을 지칭하는 것이다. 당초 동양그룹의 계열사 법정관리를 두고 일각에선 오너 일가의 재기를 위한 꼼수가 아니냐는 지적도 제기됐지만, 동양사태의 전모가 드러나기 시작하며 그 가능성은 원천 차단되고 말았다. 사실상 동양그룹 경영진의 사기성 CP발행이야말로 그룹 몰락의 모든 것이라고 해도 과언이 아니다. 경영진의 실책과 도덕적 해이의 전부를 적나라하게 보여주고 있기 때문이다.

사태의 핵심

이미 알려진 대로 현 회장 등 동양그룹 경영진은 지난해 2~9월 동양그룹 경영진들과 공모, 상환능력이 없는 1조3032억원 상당의 CP·회사채를 판매한 혐의로 구속 기소됐고, 지난 8월 검찰로부터 징역 15년을 구형받았다. 현 회장의 현재 사기성 CP발행 등의 혐의를 전면 부인하고 있다. 해당 CP, 어음은 전액 미상환됐고, 이로 인해 동양시멘트와 동양네트웍스의 동반부도를 야기했다. 하지만 핵심은 동양그룹의 부도가 아니다. 이로 인해 약 4만여 명의 투자 피해자들과 약 1조 7000억원의 손실금이 발생했다는 것이다. 가장 심각한 문제는 이들 대다수가 개인 투자자였으며, 이들에게 회사를 믿고 CP를 판매한 동양증권 직원들 중 심적부담으로 스스로 목숨을 끊는 최악의 상황도 발생했다는 것이다. 약 60년이라는 결코 짧지 않은 역사를 지니고 있던 동양그룹의 몰락은 큰 사회적 문제로 비화됐다. 때문에 업계 안팎에선 기업 경영진의 바른 판단과 책임이 얼마나 막중한지를 보여주는 사례라는 평가를 내리고 있다.

3. ‘동양사태’ 심도분석

- 동양그룹 CP(기업어음)과 회사채 사태, 불완전판매인가 사기판매인가

동양그룹은 강도 높은 자구노력 대신, 계열금융사를 동원하여 자금난을 해결함으로써 부실위험을 시장과 투자자에게 전가하였다.

〈‘동양사태’에 사실규명과 동양그룹 회장의 사죄를 요구하는 동양증권 임직원들의 시위〉

1) (구조조정 지연) 부실위험 대응 및 자체 구조조정 실패

- ‘08년 이후 주력 계열사의 손실과 부실이 급증하였음에도 은행채무를 줄이고 시장성 차입을 늘리는 등의 미봉책으로 대응

※ 여신 축소를 통해 은행 등 채권단의 관리를 받는 주채무계열에서 제외(‘10년)

- '12년 하반기에서야 본격적인 구조조정과 자체정상화를 추진하였으나, 동양매직 매각 등 핵심 자구계획 이행에 실패

※ 동양매직('13.7월), 섬유부문('13.7월) 등의 매각이 결렬

2) (금융계열사 악용) 금융계열사를 동원한 부실계열사 자금지원

- 동양증권은 계열사의 투자부적격 CP 및 회사채를 특정금전신탁에 편입하는 방식으로 투자자금을 모집, 계열사 지원

- 특히, 동양파이낸셜대부 등 규제가 약한 대부업체를 이용하여 동양증권 등 금융회사 자금을 비금융계열사로 우회 투입

※ 금산법·개별금융업법상 '금융회사의 비금융계열사 지원 제한' 규제를 회피

3) (투자자보호 문제) 일반 개인투자자에 대한 불완전 판매

- 동양증권은 손실위험이 높고 복잡한 구조*의 투자상품을 CMA 거래고객 등 개인투자자에게 대량 판매함.

**다수의 개인에게 소액·단기로 모집한 자금을 하나의 신탁상품에 넣어 펀드처럼 운용. 이와 관련 전화계약체결, 대리서명, 투자성향조작, 불충분한 위험고지 등 다양한 불완전판매 피해 신고가 금감원에 접수*

즉, 기업의 경영실패와 도덕적 해이를 방지해야 할 금융제도·감독시장규율 등 견제장치가 효과적으로 작동하지 못하였다.

동양그룹은 2008년 이후 건설경기 부진으로 비금융 주력 계열사의 경영실적이 급속히 악화되면서 부실위험이 누적되었다. 그룹 부채비율

이 562%('12년말 기준)로 매우 높고, 영업이익으로 금융비용을 감당하지 못하는 상태가 지속되었다. 2013년 들어서도 주요 계열사들이 당기순손실을 기록하였다.

2012년 하반기부터 증자, 사업부문 매각 등 자체 구조조정을 본격 추진하였으나, 동양매직 매각 등 주요 자구계획 이행이 지연되었다. 차입금 상환기일이 도래하며 유동성 압박이 심화됨에 따라 9.30일 동양그룹은 주요 계열사(5개사) 회생절차를 신청하였다. 그리하여 10월 17일 법원은 기업회생절차 개시 결정을 내렸다.

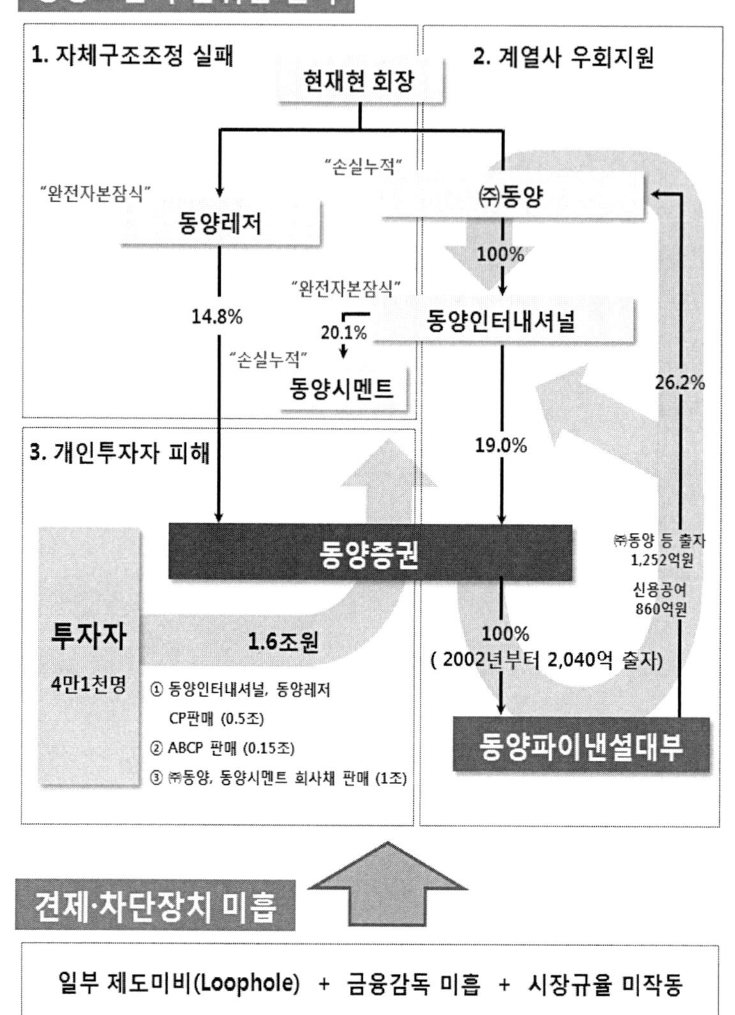

〈'동양사태'에 대한 원인 분석 기사〉

또 다른 패착의 원인, 잘못된 인재 등용

'김철(39세)' 동양네트웍스 대표와 동양그룹 전·현직 임원들은 그를 '동양 사태'를 야기한 핵심 인물로 지목한다. 현재현 동양그룹 회장 부인인 이혜경 부회장의 발탁으로 30대 중반에 영입된 뒤 인사·재무·구조조정 등 중요한 의사결정에 영향력을 행사했다는 게 동양 전·현직 임원들의 주장이다. 한마디로 김 대표가 동양의 '숨은 경영자'라는 의미다. 동양의 몰락을 이해하는 중요한 키워드로 김철 대표가 떠오르고 있다.

동양그룹 전·현직 임원들의 말을 들어보면, 김철 대표는 한국예술종합학교(한예종)를 중퇴한 뒤 인테리어와 소규모 주식 관련 컨설팅·유통 분야 등에서 일하다 2008년 이 부회장에 의해 동양그룹에 들어왔다. 동양그룹 핵심 임원은 "이 부회장은 살림만 하다가 자녀들도 장성하자 전공(미술)을 살리고 싶어 2007년 말부터 경영에 참여했다. 패션과 조형 등의 분야에 관심이 있었는데 이때 김철 대표를 알게 됐다"고 말했다. 김 대표는 처음에는 디자인 관련 업무를 맡다가 빠르게 활동 영역을 넓혀간다. 그는 자재구매 대행회사(MRO)인 미러스 등 주로 그룹의 일감을 받아 사업을 하는 계열사를 만들거나 경영을 했다. 이 부회장 등 사주 일가의 신임을 얻게 된 결정적 계기는 강원도 정동진 부근의 금진온천 개발 사업이었다. 온천수를 활용한 화장품 제조, 금진온천 일대의 대규모 리조트 개발 사업이 이 프로젝트의 핵심이었다. 이 프로젝트의 아이디어를 제시한 김 대표는 이 사업을 주관하는 동양생명과학 대표도 맡는다. 동양그룹 전직 고위 임원은 "2012년 초에 현재현 회장이 온천수를 활용한 화장품 등의 신사업으로 당시 시가총액이 수백억에 불과하던 동양네트웍스를 1조원 규모 기업으로 키운다는 계획을 내놨다. 당시에도 과다 부채로 자산 매각이 시급하던 시기였다. 이 해괴한 사업 아이디어를 현 회장이 (김철 대표에게서) 덜컥 수용한 게 큰 패착이었다"고 말했다. 현재 해당 신사업은 거의 좌초된 상황이다. 금진리조트 사업에 관여한 강릉시의 한 관계자는 "투자가 이뤄지지 않아 사업이 중단됐다. 금진온천 자체도 운영하지 않고 있다"고 말했다. 김 대표는 다양한 자산 매각 관련 협상에도 관여했다고 전·현직 임원들은 주장한다. 동양그룹의 핵심 임원은 "2012년 웨스트파인 골프장 매각이 거의 마무리될 무렵에 김철 대표 쪽에서 매각가가 너무 낮다며 반기를 들어 무산됐다. 이런 거래가 한두 가지가 아니다"라고 말했다.

무산된 동양매직 매각에도 김철 대표의 그림자가 드리우고 있다. 애초 교원그룹으로 넘길 예정이었으나 김철 대표의 제안으로 매각이 보류되고 새로운 인수자(KTB PE)와의 협상이 진행됐다. 동양그룹 관계자는 "교원그룹과 7월 말 본계약, 8월 초 매각 대금 입금 일정이었다. 모든 일정이 완성된 상황에서 김철 대표가 새로운 인수자와의 협상을 주장하면서 상황이 반전됐다. 동양매직 매각만 제때 됐다면 이 같은 사태는 피했을 수도 있다"고 말했다. 이 관계자는 "교원과의 딜(협상)이 깨진 뒤 관련 정보는 전략기획본부도 접근할 수 없었다. 김철 대표의 손에 동양매직의 운명이 모두 맡겨졌다"고 덧붙였다.

김철 대표의 영향력은 현재도 여전한 것으로 보인다. 최근 논란이 된 동양시멘트 법정관리 결정에도 김 대표가 개입했다는 의혹이 많다. 동양그룹 전략기획본부 임원은 "동양시멘트 법정관리는 전략기획본부도 전혀 모르던 일이었다. 김철 대표가 비선으로 일을 진행한 것으로 파악됐다"고 말했다. 동양시멘트는 법정관리 직전 대표이사를 교체했는데, 이 인물 역시 외부에서 영입된 인물로 김철 대표와 함께 동양 계열사 미러스에서 일한 경력이 있다. 이 관계자는 "김 대표가 막판까지 뒤통수를 칠지는 몰랐다"고 격앙된 어조로 말했다.

이처럼 동양그룹 전·현직 임원들은 김 대표에게 동양 사태의 주된 책임이 있다고 보고 있다. 동양그룹 관계자는 "김철 대표의 무리수가 반복됐지만 현재현 회장은 그를 믿고만 있었다. 그러다 보니 김 대표는 직급은 상무였지만 그룹 내에서 누구도 말하기 힘든 존재가 됐다"고 말했다.

4. 동양그룹의 시사점

- 동양그룹은 웅진과 STX의 부도원인과는 확연히 다르다

〈동양그룹 부도위기에 동양증권의 사기행위 진상규명을 요구하는 고객들 시위사진〉

동양그룹의 부도원인은 웅진과 STX와는 다르다고 분석한다. 웅진과 STX의 부도원인으로 '무리한 사업확장'과 '변동성이 큰 사업에 대한 높은 비중'을 꼽았다. 차입금에 의존도가 높은 투자로 인한 재무구조 취약도 문제였다. 이에 비해 동양그룹은 직접적으로는 만기 도래하는 회사채와 기업어음 차환에 문제가 발생했기 때문이지만 근본적으로는 세 가지 원인이 있었다.

첫번째 원인은 지배구조의 취약성이다. "동양그룹이 동양증권을 지배하기엔 자금력이 부족했지만 무리하게 지배력을 확대하는 과정에서 복잡한 순환출자고리가 만들어졌고 차입으로 출자금을 마련한 연결고리 회사는 이자부담이 누적됐다"고 밝혔다. 한신평에 따르면 순환출자

는 실질적인 재무구조 개선 없이 겉으로 보기에만 재무구조를 실제보다 좋게 보이게 하는 문제가 있다. 또 한쪽의 부실이 그룹내 다른 계열사로 쉽게 전이되도록 한다.

수익 및 재무구조의 구조적 취약성이 두번째 부도원인으로 지목됐다. "동양그룹의 캐시카우였던 시멘트 사업의 수익성이 크게 저하된 뒤에 이를 보완할 차기 비즈니스 모델이 뚜렷하지 않았다"며 "이 상황에서 골프장, 그룹내 지분확대 등은 차입금을 지속적으로 증가시켰고 이자 상환도 어려워져 동양시멘트의 형식상 매각, 동양생명의 동양레저 골프장 인수, 회사채 및 CP 조달 등으로 연명했다"고 생각한다.

마지막으로 시장성 단기 자금에 편중된 조달구조도 문제로 꼽힌다. 재무상태가 악화되면서 은행 등 금융기관을 통한 추가 자금조달이 어려워진 동양그룹은 회사채 및 CP발행 확대를 통해 '돌려막기식' 행태가 지속됐다. 그 결과 2012년 6월 1조8000억원 수준이던 회사채와 CP 부채는 2013년 9월 2조3000억원까지 증가했다. 결국 부실여신 확대를 염려한 금융기관으로부터 유동성 지원마저 기대할 수 없게되면서 동양그룹은 결국 부도로 내몰렸다.

그룹의 몰락은 우리들로 하여금 '대마불사(大馬不死, 큰 바둑말은 어찌해도 결코 죽지 않는다.)'의 격언이 결코 적용되지 않으며, 적용되어서도 안 된다는 경각심을 준다. 위기가 오기 전 108번의 징후가 보인다는 말처럼, 징후를 놓치지 말고 구조조정과 재무건전성 확보 등의 방법을 통해 기업 전체를 위해 일부를 희생하는 과감한 결단도 의사결정자에게 필요하다.

제 5장
대우

대우그룹은 정말 억울하게 해체됐나?

5장 | 대우

대우그룹은 정말 억울하게 해체됐나?

1. 대우그룹의 역사

대우실업(주)는 설립 당시 봉제품을 전문으로 수출하는 소규모 무역업체였으나, 1970년대 수출 및 경제의 고도성장과 함께 급격히 성장하여 1975년 종합상사가 되었다. 1974년에는 대우전자(주), 1978년에는 대우조선공업(주)를 설립하고 새한자동차를 인수하여 1983년 대우자동차공업(주)로 상호 변경하였다. 82년에는 대우실업과 대우개발을 합병하여 대우(주)를 설립하였다. 1980년대에 들어 기계 · 자동차

· 조선 등 중화학 공업뿐만이 아니라 전자·통신 사업에 새로 진출함으로써 국내 최대재벌의 하나로 급성장하였다.

1995년 당시 산하 계열기업은 24개로, 무역·섬유·화공 부문에 대우(주), 건설 부문에 경남기업(주)·경남금속(주), 일반기계 및 조선 부문에 대우중공업(주)·대우정밀공업(주), 자동차 부문에 대우자동차(주)·한국자동차연료시스템(주)·대우기전공업(주)·코람프라스틱(주), 전자 및 정보통신 부문에 대우전자(주)·대우전자부품(주)·오리온전기(주)·대우모터공업(주)·대우통신 (주)·대우반도체(주)·대우정보시스템(주), 금융 및 서비스 부문에 대우증권(주)·대우경제연구소(주)·한국할부금융(주)·대우투자자문(주)·다이너스클럽코리아(주), 산업기술개발 부문에 고등기술연구원 등이 있었다. 그러나 지난 1999년 그룹 부도 이후 대우그룹은 현재 해체된 상태이다.

그렇지만 계열사 가운데 몇 곳은 여전히 '대우'라는 브랜드로 산업의 중추 역할을 하는 기업이 의외로 많다. 글로벌 시장에서 대우라는 브랜드는 널리 알려져 있기 때문이다. 그 중 일부는 글로벌 경기침체 속에서도 높은 수익률을 자랑한다.

재계에 따르면 대우중공업에서 떨어져 나온 대우조선해양은 지난 4월 현재 자산 18조 5,000억 원, 소속 계열사만 19개에 달하는 재계 24위 그룹으로 커졌다.

2013년 상반기 영업이익은 1,832억 원으로 2010년과 2011년만 해도 대우조선해양(산업은행 계열)의 영업이익은 1조원을 넘었다. 조선 경기가 워낙 좋지 않은 것을 감안하면 선방하고 있는 셈이다. 대신증권도 이날 보고서를 통해 조선업 내에서 경쟁사 대비 향후 실적 개선 기대감이 가장 높은 곳으로 대우조선해양을 꼽았다.

동부대우전자(옛 대우전자)도 부활의 날갯짓을 하고 있다. 1999년 워크아웃에 들어간 뒤 지난해까지 무려 13년간 워크아웃 기업으로 지냈지만 동부로 인수된 뒤 삼성전자 출신 최진균 부회장을 최고경영자(CEO)로 영입하고 영업을 확대하고 있다. 옛 대우의 DNA를 되살려 최근에는 동남아와 아프리카에 법인을 세우고 중저가 가전제품을 팔고 있다. 지난해 매출 1조7,582억원 가운데 약 80%가 해외에서 나올 정도로 동부대우전자는 수출기업으로서의 명맥을 잇고 있다.

대우인터내셔널의 실적은 눈부시다. 포스코로 넘어간 대우인터내셔널은 미얀마 가스전 생산에 힘입어 상반기 영업이익만도 1,610억원에 달한다. 지난해 전체 영업이익 1,588억원을 이미 넘어섰다. 2010년 영업이익 규모인 1,894억원도 가뿐히 깰 수 있을 것으로 보인다.

산업은행 계열로 넘어간 KDB대우증권도 증권 업계에서는 NH우리투자증권과 업계 1~2위를 다툰다. 증권 업계 전체가 어려워지면서 최근에는 예전처럼 활력이 있지 않지만 여전히 KB금융지주 같은 대형 금융지주사에서 민영화시 사고 싶어 하는 1순위 증권사다. 금호아시아나를 거쳐 다시 산업은행 관리 아래 있는 대우건설도 건설 명가로서의 이름을 굳건히 지키고 있다.

지금은 '대우'라는 이름을 쓰지는 않지만 영업실적이 두드러진 곳이 적지 않다. 당시 대우의 항공사업 부문은 한국항공우주산업(KAI)으로, 대우종합기계는 두산인프라코어, 대우중공업 철도차량 부문은 현대로템으로 넘어갔다. 이들 회사 모두 글로벌 경기침체 속에서도 경영실적이 우수하다. 반면 대우그룹의 핵심 계열사였던 대우자동차는 한국GM으로 이름을 바꿔 단 채 국내 판매 전용으로 위상이 낮아졌다. 올 1월부터 7월까지 한국GM의 승용차 수출물량은 29만1,183대로 전년 동기 대비 20.8% 줄었다. GM의 글로벌 전략 탓이다. 물론 내수 판매는 6만1,927대로 지난해 같은 기간보다 17.4% 늘었지만 글로벌 수출 기지로서의 면모는 약해진 게 사실이다.

대우의 업적

1967년 3월 서울특별시 중구 충무로에 있던 동남도서빌딩 3층 사무실에 대우실업이 설립되었다. 자본금 500만 원, 직원 5명으로 출발한 대우실업의 창업주는 김우중(金宇中)이었다. 대우실업주식회사는 창업 전 이미 싱가포르에서 트리코(tricot) 원단의 주문을 받아놓았는데, 자체 생산설비를 보유함으로써 2배의 이익을 추구할 수 있었고, 곧 이어 인도네시아에서 수출주문을 받게 되어 동남아시아에서 제일의 와이셔츠수출업자가 되었다.

그 뒤 대우실업주식회사는 몇 차례에 걸쳐 있었던 섬유 제품주기의 효율적 활용과 창업주인 김우중이 예견한 섬유시장의 중대한 변화로서 미국에 대한 섬유쿼터에서 안정적 물량을 확보함으로써 1968년 제5회 수출의 날에 산업훈장을 수상하게 되었다. 창업연도인 1967년부터 1970년까지는 제2차 경제개발5개년계획에 발맞추어 경공업 위주의 공산품 수출로 수출입국을 목표로 성장하였다.

1971년부터 1975년까지는 제3차 경제개발5개년 계획에 맞추어 생산구조 고도화, 경제규모 확대를 도모하기 위하여 경공업 국제규모화, 업종 다양화로 금융업에까지 진출하였다. 1976년부터 1979년까지는 흔히 기업 확장기로 표현되는데 본격적인 중화학부문·중장비·철도·엔진·조선 등의 공업구조의 고도화를 추구하였다.

그 뒤 1980년부터 중화학 부문에 대한 투자조정, 산업구조 재편성,

성장정책에서 사회개발정책으로 우선순위를 변경하여 안정화를 추구하여, 해외자원개발 참여, 해외건설 및 조선수주, 그리고 대한전선의 가전 분야를 인수하여 전자 분야에 참여하게 되었고, 자동차업계에도 본격적으로 진출하게 되었다.

(주)대우가 구축한 세계무역네트워크를 기반으로 대우자동차(주), 대우중공업(주), 대우전자(주)가 국제적으로 널리 진출하는 '세계경영'은 1993년 '세계경영 우리기술' 슬로건 선포를 시점으로 본격화되었다. 대우가 당시 내세웠던 세계경영은 선진업체가 진출하지 않은 옛 공산권 국가와 앞으로 발전가능성이 무한한 개발도상국 시장을 집중적으로 공략하는 것으로, 현지법인 설립과 인수합병을 통해 단기간에 정착하여 사세확장을 꾀하는 형태이다. 실제로 대우가 진출을 시도한 개발도상국가의 정부에서는 자국의 경제활성화 목적에서 대우에 전폭적인 지원을 해주었기에, 대우의 사업확장은 더욱 쉽게 이뤄질 수 있었다. 내수시장에서 크게 주목 받지 못했던 대우자동차(주)의 경우는 수출비중이 내수를 앞지르는 현상을 가져오기도 했다. 이 같은 대우의 급속한 성장은 국내 경제계와 해외 경제에 큰 반향을 가져다주었다.

〈대우그룹 연혁〉

1993년 1월 대우자판 설립.

1993년 2월 베트남 합작은행 출자.

1993년 3월 세계경영 선포.

1993년 5월 우즈벡 가전 공장 설립.

1993년 7월 대우중공업(주) 미국현지법인 DEC 설립.

1993년 8월 폴란드 TV 공장 설립.

1993년 9월 세계최초 공기방울 세탁기 개발.

1994년 2월 대우할부금융 설립.

1994년 3월 인도 합작증권사 CRB-Daewoo Securities Ltd 출자.

1994년 5월 대우자동차(주) 영국 워딩 자동차 기술연구소 건립.

1994년 6월 대우중공업 영국현지법인 유로 대우 UK 설립.

1994년 10월 대우중공업(주) 대우조선공업 흡수 합병. 중국현지법인 대우중공업연대유한공사 설립.

1994년 11월 루마니아 자동차합작공장 DAEWOO-RODAE 설립. 대우중공업(주) 러시아 기술연구소 DISK 설립.

1995년 1월 대우중공업(주) 독일 현지법인 ECO 설립. 대우전자(주) 말레이지아 세탁기 공장 설립. 대우뱅크 출범.

1995년 2월 대우중공업(주) 일본 현지법인 대우건기 설립.

1995년 3월 체코 최대 국영상용차업체 AVIA사 인수. 대우증권(주) 홍콩현지법인 설립.

1995년 4월 대우증권(주) 상해사무소 개설.

1995년 5월 국내기업 최초, 대북 협력사업 정부승인 획득.

1995년 6월 다이너스카드사 인수.

1995년 7월 동우개발(주)의 사명을 (주)대우개발로 변경.

1995년 9월 베트남 하노이 컬러브라운관 공장 준공. 우즈벡 공화국에 교환기합작공장 알로카대우 설립.

1995년 10월 중국천진 팩스밀리 합작공장 설립.

1995년 11월 베트남 최초 타포린 합작생산 공장 준공. 폴란드 최대 자동차기업 FSO 인수, DAEWOO-FSO 출범.

1996년 3월 대우증권(주) 싱가폴사무소 개설. 루마니아 DAEWOO-RODAE 공장 준공.

1996년 5월 남북경협 최초회사 민족산업총회사 남포에 설립. 앙골라 대규모 유전발견.

1996년 6월 프랑스 롱위 컬러브라운관 공장 준공. 인도뉴델리 첨단 소프트웨어 연구개발센타 설립.

페루육상 유전인수 입찰수주.

1996년 7월 한진투자증권 합작 법인 서울투신운용(주) 설립. 우크라이나 대용량교환기 합작공장 드니프로-대우 설립.

1996년 10월 대우증권(주) 동경지점 개점. UZ-Daewoo 자동차 공장 준공. 베트남 비담코 자동차 공장 준공.

1996년 11월 인도네시아 자카르타 컬러브라운관 공장 준공.

중국 광케이블 합작회사 우시-대우 설립. 루마니아 합작은행 설립.

1997년 3월 우즈베키스탄 대우은행 (Uz-Daewoo Bank) 설립.

1997년 4월 인도 종합 가전공장 설립. 군산 종합 자동차공장 준공.

1997년 5월 인도 CRB증권 대우파이낸스로 상호 변경. 대우선물(주) 설립.

1997년 6월 대우증권(주) 싱가포르 현지법인 설립.

1997년 7월 대우리스 체코에 설립.

1997년 9월 대우자동차(주) 우크라이나 합작공장 설립계약 체결.

1997년 12월 한국전기초자(주) 인수.

1998년 1월 9일 대우자동차(주), 쌍용자동차(주) 인수.

1998년 5월 스페인 냉장고 공장 설립.

1998년 6월 우크라이나 자동차 법인 AUTOZAZ-DAEWOO 공장 본격 가동.

1998년 7월 미국 Fortune 선정 매출 500대 기업 중 세계 18위의 기업으로 도약.

1998년 10월 대우중공업(주) 이집트공장 준공.

1998년 11월 무역의 날 150억불 수출의 탑 수상.

2. 대우그룹 김우중 회장

김우중(金宇中, 1936년 12월 19일 ~)은 대한민국의 경제인이다. 대구 출신이며, 경기중학교, 고등학교를 거쳐, 1960년 연세대학교 경제학과를 졸업했다. 1960년부터 1966년까지 한성실업에 근무했다가, 1967년 서울 중구 충무로에서 대우실업을 창업했다. 자본금은 500만원이었지만, 동남아시아, 미국 시장에서 성공해, 1970년대에 대우건설, 대우증권, 대우전자, 대우조선 등을 창설, 신흥 재벌이 되었다. 1989년에 펴낸 자서전인 세계는 넓고 할 일은 많다〉는 베스트셀러가 되었다.

그러나 1998년의 IMF 구제금융사건으로 한국경제가 큰 타격을 받았고, 그로 인한 여파로 부채비율이 600%이상이었던 대우그룹은 1999년 8월 워크아웃을 신청하였다. 당시 부채는 500억 달러였다. 검찰청에서의 수사를 피하기 위해 출국한 후 도피생활을 하였으며, 중국 등지에서 호화롭게 생활을 했다는 얘기와, 반대로 유럽 등지의 3류 호텔에서 햄버거로 끼니를 때우며 어렵게 생활했다는 얘기가 있다.

2005년 6월 14일 대한민국에 입국하여 검찰의 조사를 받았으며, 2006년 11월 3일 서울고등법원 항소심에서 분식회계 및 사기대출, 횡령 및 국외 재산도피 혐의로 징역 8년 6개월, 벌금 1천만 원, 추징금 17조9천253억 원의 형을 구형 받았고, 항소를 포기하여 형이 확정되었다. 2007년 12월 31일 대통령특별사면으로 사면되었다.

몰락한 재벌총수 중 가장 활발하게 외부 활동을 하는 이는 김우중 전 대우그룹 회장이다. 김 전 회장은 지난해 초부터 베트남 현지 해외 청년 취업 프로그램인 'YBM(Global Young Businessman for Vietnam)' 강사로 활동하고 있다. 일명 '김우중 사관학교'로 통하는 'YBM'은 해외 취업과 창업을 꿈꾸는 한국의 대학생들에게 노하우를 전수해준다. 운영 주체는 옛 '대우맨'들의 모임인 대우세계경영연구회이지만 김 전 회장의 애정이 각별한 것으로 전해진다.

김우중 전 회장은 한때 한국 젊은이들의 우상이었다. 그에게 불가능한 일은 없었다. 그는 "세상은 좁고 할 일은 없다"고 생각하는 청년들을 세상 밖으로 뛰쳐나가게 만들었다. 실제로 '김우중 신화'가 전해진 후 많은 젊은이들이 회사를 뛰쳐나와 오퍼상으로 세계 곳곳을 누볐다.

대우그룹 몰락 후 김 전 회장은 눈에 띄지 않게 재기를 시도했다. 옛 대우맨들을 다시 불러 모으는 한편 시장에 매물로 나온 대우 계열사들을 눈여겨보기도 했다. 김 전 회장의 한 측근은 "그분의 기업가 정신은 타고난 것이다. 과거처럼 큰돈을 벌기 위해서가 아니다. 어떻게든 재기해 명예를 회복하고 남은 생을 국가 경제에 이바지하고 싶은 열정이 있는 것은 사실이다"고 전했다. 한 언론사와의 인터뷰에서는 "제가 국제적 사기한이고 대우그룹이 범죄집단이었다면 어떻게 지금도 대우가 만든 마티즈가 로마 시내를 가장 많이 질주하고 있고, 전 세계 바다 위를 대우가 만든 수백 척의 배들이 항해하고 있으며, 대우가 건설한 아프리카 중동의 그 많은 고속도로 위로 차들이 질주할 수 있겠습니까" 라며 자신의 억울함과 명예회복을 위한 재기의 뜻도 내비쳤다.

3. 대우그룹의 실패요인

김우중 회장은 1967년 500만원의 자본으로 대우실업을 창립하여, 부실기업을 특혜대출로 인수하는 방법을 이용해 5대 그룹으로 성장해 왔다.

- 60년대~70년대 초

섬유류 수출 쿼터제와 수출금융을 활용해 성장했다. 미국의 섬유수출규제를 예상하고 수익성을 무시한 밀어내기 수출을 밀어붙여 대미수출물량이 무려 5배나 증가하였고, 아시아 섬유류 수출기업 가운데 1위를 차지하게 되었다. 그리고 스톡세일이라는 밀어내기 방식의 수출을 강행해 저리 수출금융을 효과적으로 활용하였다. 이렇게 대우그룹은 경공업수출정책을 효과적으로 활용하여 정부특혜를 기반으로 토대를 닦았다.

- 70년대

1972년부터 문어발식 기업인수를 시작하여 1년 만에 9개의 기업을 인수했다. 70년대 후반부터는 정부의 중화학공업 육성정책에 따라 섬유중심의 경공업에서 탈피하여 기계, 조선분야와 해외건설분야로 확장했다. 1976년 한국기계(현 대우중공업) 인수, 1978년 새한자동차(현 대우자동차)의 경영참여는 정권과의 유착을 통하여 이루어졌다. 1978년 옥포조선소를 인수할 때 김우중은 '옥포조선소 건설비 전액의 국가지원', '조선불황에 대비 미국 7함대 수리조선 유치', '옥포를 대단위 종합기계단지로 지정' 등을 요구하여 관철시켰고, 이를 계기로 대우는 비약적으로 성장했다.

이렇게 하여 70년대 말 대우그룹의 계열사는 총 24개로 늘었다. 그 중 창립회사는 모기업인 대우실업과 동양투자금융, 대우선박, 대우개발이었고, 나머지는 김우중 회장이 정경유착, 과다차입으로 인수 합병한 것이었다. 인수합병 기업 중 상당수는 부도위기에 몰린 기업이었다. 김우중은 이들 부실기업 인수 후 연리 4% 이하의 특혜금융을 받으면서 오히려 사업확장의 계기로 활용했다. 문제는 부실기업을 인수한 뒤 경영을 제대로 안정시키지 않은 채 다시 또 다른 부실기업을 인수하거나 사업규모를 키워온 것이다.

- 80년대

80년대 이후 대우그룹은 자주 위기를 맞이했지만 김우중 회장은 정면돌파 수법으로 이를 극복했다. 80년 등장한 신군부세력의 전두환 대통령은 재벌 길들이기를 위해 기업 강제분할과 금융압박을 시도했는데 이때 김우중 회장은 2백억 원 사재출연이라는 교묘한 방법으로 이를 극복했다. 1980년 10월 김우중 회장은 자신이 소유하고 있던 주식 175억 원, 부동산 23억 원, 현금 2억 원 등 총 200억 원에 달하는 재산을 사회환원이라는 명목으로 대우재단에 출연하였다. 그러나 이것은 사회환원이 아니라 대우재단을 통한 계열사 지배를 가능하게 해준 수법에 불과하였다.

1989년 조선경기 불황으로 대우조선이 엄청난 적자에 허덕였을 때에도 김우중 회장은 계열사 2개를 팔고 거제도 조선소로 직행하여 2년 동안 경영개선에 매달려 조선수주 1위의 기업으로 만들었다. 대우조선은 당시 연간 2천억 원 이상의 적자를 기록하며 거대한 부실기업으로 전락했다. 대우는 90년 3월까지 대우투자금융, 풍국정유, 호텔뉴

설악, 제철화학 매각, 6월까지 대우빌딩 매각, 92년 말까지 대우중공업과 대우조선 합병, 및 수영만 부지 매각 등을 골자로 하는 '대우조선 합리화 방안'을 발표했다.

정부는 이러한 자구노력을 전제로 산업은행의 기존 대출금 2500억 원을 상환 유예해주고 또 거치기간 중 이자를 감면해주고 대우 쪽이 4천억 원의 자구노력을 하면 즉시 1500억 원을 추가대출해주기로 했다. 이후 합리화 방안의 이행은 순탄치 않았으나 위기를 극복해가는 그 경험이 김우중 회장으로 하여금 모험선호적인 경영을 강행하게 한 배경으로 작용했을 것이다.

결국 대우그룹의 경영위기를 초래한 원인은 기아의 경우와 같이 과다차입에 의한 여러 업종에 대한 무리한 투자였다. 기아의 경우 주력 업종인 자동차 이외의 기아특수강, 기산 등 계열사의 수익성 악화로 모기업인 기아자동차까지 자금압박을 초래했다. 대우도 마찬가지로 과다한 외부차입에 의한 기업 확장 전략이 문제를 야기했다. 1993년부터 시작된 동일한 방식에 의한 대우의 세계경영이 성과를 거두기 전에 외환위기를 맞았고 이것은 다른 그룹보다도 대우에 치명타를 입혔다.

〈과거 대우건설 본사 (현 '서울스퀘어'), 서울시 중구 남대문로5가〉

김우중 회장은 국내에서 상위 그룹에 밀리는 상황을 세계경영으로 극복하려고 했는데 이것이 결국 덫이 되고 말았다. 김우중 회장은 1993년부터 대우를 2000년에 매출액 2천억 달러, 종업원 25만 명의 세계 최대 기업군으로 만들겠다며 동유럽과 개발도상국에 무모하게 진출하기 시작했다. 대우그룹이 세계경영으로 나간 이유는 지역(블럭)화로 역내 국가로 뛰어들지 않으면 판매가 어렵다고 보았고, 국내시장도 좁은데다 무역자유화로 선진국기업과 경쟁이 더욱 격렬해진다고 판단했기 때문이다. 이렇게 하여 1993년에 150개에 불과했던 해외 사업장이 1996년 말에는 468개(종업원11만9,200명), 1998년 말에는 해외법인 396개, 지사 134개, 연구소 15개, 건설현장 44개 등 589개,

종업원 21만 명에 달했다. 국내의 대우그룹 임직원이 10만5천명인 것에 비하면 6년 만에 비약적인 양적 팽창을 한 것이다. 해외법인은 자동차 13개국, 전자 39개국, 호텔 8개국, 금융 10개국 등에 설립되었다. 세계경영의 결과 1998년 9월말 발표된 유엔무역개발회의(UNCTAD) 발행 '97 세계투자보고서'에서 (주)대우가 해외자산기준으로 개도국 기업 가운데 초국적기업 1위에 랭크되었다. 1998년 세계투자보고서에서는 대우그룹의 해외투자가 119억 달러, 20만 명으로 개발도상국에서 제1위를 차지했다.

대우그룹은 해외로 진출할 때 선단식으로 나갔다. 단일품목만으로 해외시장을 공략하는 일반적인 다국적 기업과는 다른 특징으로, 무역을 필두로 자동차와 전자 중공업 은행 통신 등 다양한 업종이 한꺼번에 진출했다. 국내에 기반을 두지 않은 업종에도 진출했다. 은행 외에 시멘트 제조, 통신서비스, 리스, 제철, 목재가공, 면방직, 타이어 제조, 고속버스사업, 자원개발사업 등이 22개국에서 대우이름으로 전개되었다. (주)대우가 무역, 금융, 마케팅 등의 견인차 역할을 했다.

대우의 해외경영은 기존기업체의 인수합병을 주된 방법으로 하였다. 대우가 해외에 거느리고 있는 310개의 해외법인(1997년 6월말 현재) 가운데 20%인 60개가 인수합병(M&A)을 통해 얻은 회사들이다. 동구권에서는 체제변화로 민영화되는 국영기업들을 놓치지 않고 인수했다. 대우의 해외경영은 또한 차입경영이었다. 대우의 해외투자규모는 80억 달러에 이르는데 해외법인 차입금규모가 68억4천만 달러로 세계경영의 83%를 빚으로 쌓아 올린 셈이다. 김우중 회장은 1995년경 전경련 회장단 모임에서 "우리는 해외에서 60%의 자금을 쓰고 있다"고 했다.

대우의 한해 해외프로젝트는 10억 달러선(97년 · 자본금 기준)이었고, 1997년 당시 추진 중이거나 계획하고 있었던 해외프로젝트 규모는 총 180억 달러(약18조원)에 이르렀다.

1993년 6월 대우자동차 우즈벡 공장이 설립되었는데 여기에는 6억3천5백만 달러가 투자되었다. 기존 부채가 4억3천5백만 달러였고, 자본금 1억 달러는 우즈벡 측이 현물출자하고 대우가 1억 달러를 투자했다. 대우는 이중 8천만 달러를 수출입은행에서 차입하여 투자했다. 결국 자기 돈 2천만 달러로 6억짜리 공장을 인수한 것이다.

그러나 이러한 대우의 세계경영수법은 국내에서 했던 대로 해외의 부실기업을 특혜대출로 인수한 것이었다. 국외사업은 성격상 자본의 회임기간이 길고 그만큼 위험부담이 크다. 대우 김우중 회장은 신속하게 의사를 결정하는 기동성을 과시했다. 그러나 장기적인 투자자금을 감당할 수익이 있어야 하는데 1-3년의 단기자금으로 장기간 투자는 위험한 것이다.

이 때 부채비율이 100%를 넘어서면 투자자금 회수기간 중간에 닥쳐오는 불황에 견디지 못한다. 대우는 확장위주 전략은 경제가 계속 성장하고 기업환경이 좋을 때는 효과가 있었지만 환경이 나빠지면서 어려움을 겪게 되었다.

결국 김우중 회장의 세계경영은 실패로 끝나고 말았다. 폴란드 대우 FSO공장의 경우 대우는 생산의 3-4배 증가를 통한 2만 명 전원의 고용유지와 이를 위한 11억 달러 투자를 약속했다. 과다부채가 뇌관으로 2000년까지 4억5천만 달러를 추가 투자해야 하는데 대우로서는 그런 여력이 없었다. 우크라이나 자동차공장의 경우 “공장이 가동되지 않는다 해도 노동자의 임금은 지급한다”라는 계약에 따라 공장이 1998년 10월 생산을 중단했는데도 임금이 지급되는 등 적자와 부채가 누적되고 있었다.

대우의 체코 자동차 공장은 체코의 마이너스성장으로 곤란을 겪은 데다가 대우의 자금난으로 설비투자를 하지 못해 연산 2만5천대의 설비인데도 99년 상반기에 겨우 1200대 생산에 그쳤다. 인도의 씨에로 자동차 조립공장은 초기에 수천 대를 팔았으나 경기침체로 판매가 극히 부진했다.

금융감독위원회가 98년 10월 18일 국회에 제출한 자료에 따르면 1998년에 들어와 지난 9월말까지의 회사채 발행 총액 34조1500원 가운데 5대 그룹이 발행한 회사채는 전체의 78.9%인 26조9500억 원에 이르렀는데 이 가운데 대우그룹이 전체의 26.9%인 9조1825억 원어치의 회사채를 발행해 1위를 기록했고 삼성 5조6700억 원(16.6%), 현대 5조6200억 원(16.5%), LG 3조9360억 원(11.5%), SK 2조4920억 원(7.3%)등의 순위였다.

이와 함께 투자신탁회사와 투신운용사가 보유하고 있는 5대 그룹의 기업어음 보유 비율도 70%를 초과해 5대 그룹이 단기자금시장도 독점하고 있는 것으로 나타났다. 98년 8월말 현재 정리절차 진행중인 한남 등 7개 투신사를 제외한 투신사가 보유한 기업어음 총액 31조 3696억 원 가운데 5대 그룹의 기업어음이 71%인 22조2746억 원에 달했고, 기업별 어음 현황을 보면 대우 11조200억 원(35.1%)로 1위이고 현대 5조 7829억 원(18.4%) LG 2조176억 원(6.4%) 삼성 2조 55억 원(6.4%), SK 1조4666억 원(4.7%) 등의 순이었다.

대우 패망과 대우차 헐값 매각 논란

김우중 측	강봉균·이헌재 측
대우는 기획해체됐다.	현실적으로 있을 수 없는 일이다. (강봉균 당시 대통령 경제수석비서관)
대우와 GM의 합작을 정부가 방해했다. GM은 1999년 12월 대우차 지분 100%를 50억~60억달러에 인수하겠다고 정부측에 제안했다.	GM이 1998년 7월 협상을 깼다. 이후 GM과 접촉한 적 없다. (이헌재 당시 금융감독위원장)
정부가 대우의 수출금융 등 자금조달을 막았다.	대우가 자구노력을 안했다. 특혜금융 해줬으면 나라 망했다. (강봉균 당시 대통령 경제수석비서관)
삼성과의 자동차빅딜을 정부가 훼방놨다.	정부는 어떻게든 성사시키려 했으나 양측의 기대치가 너무 달랐다. (이헌재 당시 금융감독위원장)

※김우중 전 회장은 결과적으로 대우차를 최대 210억달러가량 손해보고 팔았다고 주장하고 있음

그러나 외환위기 초기 신용경색과 고금리 상황에서 대규모 차입은 높은 금융비용이라는 대가를 강요하였고, 이에 따른 수익성 악화는 다시 신용하락과 고금리 감수를 강용하는 악순환을 초래하였다. 특히 98년 하반기 들어 대우 CP는 타 그룹에 비해 3-5% 포인트 높은 10-11%의 높은 금리조건이 부과되었다. 98년 금융비용은 6조원으로 97년 3조원에 비해 두 배로 증가하였고 당기 순이익은 1997년 1350억 원에서 1998년 5540억 원이라는 대폭적자로 반전되었다.

98년 하반기에 들어와 정부는 재벌들의 무리한 차입경영의 부작용을 경계하여 98년 7월과 10월에 걸쳐 CP와 회사채 보유한도규제(CP의 경우 동일계열 보유한도 5%, 회사채의 경우 은행과 보험은 10%, 투신사는 15%)를 통해 제동을 걸었다.

CSFB 증권은 1998년 6월 「한국10대재벌 개혁보고서」에서 대우재벌은 운용현금흐름이 단기자금 상환 등 자금수요를 감당하지 못하는

상태로서 독자적 능력으로 구조조정을 할 능력이 없다고 평가하였다. 실제로 대우그룹의 1997년 현금흐름은 마이너스로 단기차입금을 상환하기가 불가능한 상태였다. 부채 늘리기로 버텨나갈 수밖에 없는 상황이었던 것이다.

〈5대 그룹의 건전성 점수〉

	현대	삼성	LG	대우	SK
전반적 건전성 점수	1.7	4.3	3.0	**1.7**	4.3
영업이익/총이자비용					
1993	2.2	4.4	2.9	**1.4**	2.2
1994	2.6	6.0	3.3	**1.5**	2.3
1995	2.8	7.0	3.8	**1.6**	2.5
1996	1.9	3.7	2.7	**1.6**	2.7
1997	2.3	4.2	3.4	**1.7**	4.2
평점	C	A	A	**D**	A
단기차입금/운용현금흐름					
1993	3.8	1.6	2.7	**8.7**	4.0
1994	4.3	1.3	2.6	**25.7**	4.2
1995	4.0	1.4	2.7	**45.9**	2.7
1996	18.0	4.0	4.5	**5.8**	2.8
1997	82.9	4.2	46.7	**-17.5**	4.2
평점	F	A	E	**F**	A
순부채/자기자본					
1993	171.9	161.7	159.5	**221.4**	190.2
1994	197.4	124.2	151.3	**206.0**	212.2
1995	202.4	109.4	166.3	**257.9**	180.1
1996	257.5	183.6	198.5	**269.0**	214.2
1997	376.1	240.2	317.3	**357.1**	279.4
평점	D	B	C	**C**	C

대우의 부실상황을 알고 있었던 외국 글로벌 대형투자은행들은 대

우 현지법인의 만기연장을 이미 중지하고 있었고, 1998년 4/4분기 이후 대우그룹은 만기가 돌아오는 기업어음을 상환하기 힘들 정도로 자금난이 심화되었다. 그래서 국내 금융기관의 협조로 간신히 기업어음 만기연장조치를 받아왔다.

그런데 1998년 8월부터 정부가 재벌의 자금독식을 막기 위해 금융기관의 회사채와 기업어음 발행한도를 총자산의 10%이내로 제한하자 기업어음과 회사채 발행을 통해 늘어나는 부채를 감당해오던 대우는 심각한 자금난에 빠졌다. 대우그룹 전체 금융권 부채 가운데 60% 이상이 기업어음과 회사채이며, 이 가운데서도 1998년 상반기 발행분이 압도적인 비중을 차지한다. 더욱이 회사채의 대체로 만기가 3년인데 비해 대우가 98년에 발행한 회사채는 1년짜리여서 99년에 만기상환 요구가 돌아오게 되어 있었다. 특별히 대우그룹이 이익을 내거나 자산을 팔아 이를 상환하지 못하면 다시 차환용 회사채를 발행해야 하는데 금융회사들은 보유 한도제 때문에 인수가 어려운 것이다. 이러한 자금순환상의 애로 때문에 일부 채권단인 이미 오래 전부터 만기연장을 거부해왔다. 더구나 대우의 경영상태는 악화되어 1998년의 대우그룹 전체 매출액은 61조7천억 원인데 부채가 59조8천억 원에 달했고, 영업이익 3조 1900억 원은 금융비용 5조9천억 원에 훨씬 못 미쳤다.

4. 대우그룹의 시사점

대우는 '세계경영(글로벌다각화)'을 주창한 재벌이었다. 세계경영이 대우를 몰락시킨 주범이라는 주장도 제기되지만, 세계경영 자체를 몰락 원인으로 볼 수 없다는 것이 재계의 지배적 견해다. 화근은 '추진방식'이었다. 한 경제 전문가는 "한국 기업들은 세계경영을 해야 생존할 수 있다. 그러나 대우식의 세계경영은 파멸의 지름길일 뿐이다. 자기 실력이 아니고 빚으로 쌓아 올린 대우식 세계경영은 필연적으로 실패할 수밖에 없었다."라고 지적한 바가 있다.

위에서 언급한 바와 같이 대우그룹의 무리한 국내외 확장경영과 김우중 회장의 독단적인 기업경영으로 엄청난 금액의 부채가 증가하게 되어 기업을 망하게 하였다.

〈김우중 회장의 연세대학교 강연 "대우는 억울하다" 중에서〉

김우중 회장과 동시대를 살았던 이병철 회장이나 정주영 회장과 같은 기업가는 기업이 새로운 가치창출이라는 큰 의미를 두었고 스스로 기업을 만들어서 일으켜 세우는 일이야 말로 기업가의 본질적인 사명이라고 생각했다.

부채를 통한 확장식 경영이 아니라, 멀리 내다보고 지속가능성과 부가가치성을 핵심역량으로 확보하여 확장하여 세계와 경쟁하는 창의적인 기업경영 이념이 필요하다.

제 6장
쌍용

총수의 외도와 함께 무너진 쌍용그룹

6장 | 쌍용

총수의 외도와 함께 무너진 쌍용그룹

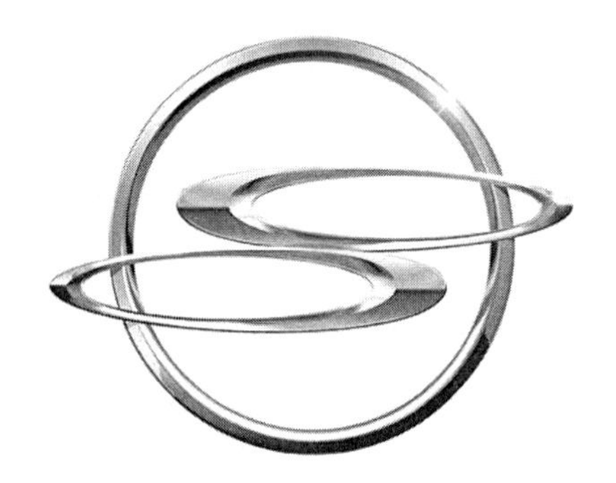

1. 그룹의 시작과 성장

한때 재계 순위 6위를 기록했던 쌍용그룹. 그룹이 최고 절정기로 치닫고 있을 무렵 쌍용맨들은 "우리는 달팽이처럼 전진해왔다"고 말하곤 했다. 창립 이래 여론의 스포트라이트를 받은 적은 없지만 착실하게 사업을 추진, 사세를 확장시켜왔다는 자부심을 엿볼 수 있는 대목이다. 하지만 현재 쌍용그룹은 그 흔적조차 찾기도 어렵다. 국내 재계 역사상 최대의 시련 기간이었던 외환위기 당시 그 고비를 넘지 못한 것. 쌍용그룹은 해체 이전까지 건실한 그룹의 상징으로 보였다. 화려하진 않지만 확실히 돈이 되는 사업에 주력하는 듯한 이미지가 있었기 때문. 하지만 그룹 몰락의 과정에서 부실경영의 흔적이 고스란히 드러나며 파장을 일으켰다.

쌍용그룹이 몰락하게 된 결정적 원인은 자동차 사업. 무리한 사업 추진으로 인해 사세가 기울었고, 반전을 시도했을 당시에는 회생불능의 상황이었다

1939년 소규모 비누공장에 서 출발한 쌍용그룹은 1947년 남광토건, 1962년 쌍용양회, 1967년 쌍용제지, 1967년 쌍용해운 등으로 사업을 확장해왔다. 특히 1964년에는 쌍용양회의 영월공장을 연간 40만 톤 규모로 확장함으로써 한국 시멘트공업의 선두주자로 나서게 된다. 1970년대 들어서는 1973년 쌍용정공, 1976년 쌍용중공업과 쌍용정유, 1977년 쌍용건설, 그리고 1978년 쌍용엔지니어링을 설립했다. 1980년대 들어서서는 1984년 쌍용투자증권, 1985년 쌍용경제연구소, 1988년 쌍용투자자문을 설립하여 그룹의 근간이었던 건설업과 중화학공업 같은 중후장대형 산업에서 탈피하여 금융업 진출을 통한 사업다각화에서 상당한 성과를 거두었다.

1975년 선친의 부음으로 김석원 회장이 그룹을 이어받아 20년간 쌍용그룹을 이끌면서 고속 성장에 크게 기여했다. 굵직한 프로젝트만 하더라도 1973년 쌍용양회 동해공장을 연산 560만 톤 규모로 증설하는 프로젝트를 1980년에 마무리했고, 1976년에는 이란의 국영석유공사(NICO)와 합작하여 쌍용정유를 설립하고 같은 해에 쌍용중공업을 설립하여 직접 사장직을 맡아서 사업을 궤도에 올리는 데 성공했을 뿐만 아니라, 1983년에는 효성증권을 인수하여 굴지의 증권사로 성장시키기도 했다.

2. 위기와 몰락

하지만 위기의 시작은 그룹의 성장 동력을 자동차 사업에서 찾은 일이다. 당초 일정보다 1년 빠른 1997년부터 독일 벤츠와 제휴하여 중대형 승용차 생산을 본격화하기로 결정하고 1995년 이후 4년간 3조 원의 투자를 단행하기로 결정한다. 그러나 계속된 과도한 투자와 외환위기로 그룹 계열사의 동반 부실과 그룹해체로 이어지고 말았다.

그룹 내에서도 경영 성적이 호전되지 않자 자동차 사업을 조기에 정리해야 한다는 의견이 우세했다. 하지만 김석원 회장 자신이 자동차에 대한 애착을 버리지 못했고 자동차 사업에 건실한 그룹 계열사들이 몰려 들어가는 상황이 벌어지고 만다.

쌍용그룹의 행보는 거기까지였다. 1995년 재계 순위 6위, 자산 15조를 달성한 쌍용그룹은 서서히 몰락의 길을 걷기 시작했다. 전성기를 지난 쇠락기로 접어든 것이 아니라 그룹 붕괴의 조짐이 보이기 시작한 것이었다. 원인은 외환위기와 그룹 전체가 적지 않은 공을 들인 자동차 사업에서 비롯됐다.

쌍용그룹은 1960년대 '하동환자동차'라는 이름의 회사를 인수하며 자동차 사업에 뛰어들었다. 이것이 쌍용그룹의 핵심 계열사 중 하나인 쌍용자동차로 거듭난 것. 쌍용자동차는 1980년 코란도와 무쏘라는 지프형 자동차를 내놓으며 자동차 업계에서 급격히 부상했다.

문제는 이 같은 쌍용자동차 앞에 기존 자동차 업계의 강자 현대·기아자동차가 버티고 있었다는 것. 1980년대 후반부터 시작된 이들의 공세로 인해 쌍용자동차의 사세는 급격히 위축되기 시작했다. 1992년 쌍용자동차의 내수 점유율은 1.6%에 불과했다. 이후에도 계속 추락세를 보였다. 업계 안팎에선 쌍용그룹이 자동차를 포기해야 한다는 지적이 제기됐다. 하지만 쌍용그룹은 자동차 사업을 포기하는 대신 오히려 공격적인 투자에 나섰다. 신모델 개발을 위해 은행으로부터 담보대출을 받으며, 박차를 가하기 시작했다. 급기야 1990년대 중반 쌍용그룹은 대부분의 자산을 은행 담보로 잡혔다. 1995년부터 4년간 쌍용자동차에 투입된 금액은 무려 3조원이었다.

쌍용자동차에 대한 막대한 지원은 결국 그룹 출혈로 이어졌다. 쌍용그룹이 이 같은 상황에서 반전을 시도했을 무렵 정세는 이미 되돌릴 수 없는 수준이었다. 쌍용그룹은 결국 자동차 사업의 포기를 결정했다. 이를 위해 당시 자동차 사업을 준비 중이던 삼성·대우그룹에 동시 매각 협상을 벌였다. 문제는 이 같은 이중 매각 사실을 삼성그룹이 알아채고 발을 뺐다는 것. 설상가상 삼성그룹이 발을 빼자 대우그룹이 인수가를 대폭 하향 조정하기까지 했다.

쌍용그룹은 이 같은 상황에서 쉽사리 결단을 내리지 못했고 그러는 사이 그룹의 부채는 눈덩이처럼 불어났다. 결국 금융권과 채권단의 압박이 시작됐고, 쌍용그룹은 쌍용자동차 처리를 채권단에 넘기게 됐다. 당시 대우그룹은 쌍용자동차 채권단에 인수 조건으로 막대한 추가지원을 요구했다. 채권단은 이를 수용했고, 지난 1998년 1월 쌍용자동차는 대우그룹 품에 안기게 됐다.

쌍용자동차의 매각은 쌍용그룹 해체의 신호탄이었다. 대우그룹에 쌍용자동차가 넘어갔을 당시 그룹 계열사들이 떠안은 쌍용자동차 부채는 공식적으로 1조7665억원. 쌍용자동차에 투자한 자금을 마련하기 위해 지급보증을 섰던 계열사의 줄매각이 시작된 것이다.

쌍용그룹은 1980년대 이후 무리한 기업 확장과 자동차 산업 진출로 위기를 맞았다. 1997년 외환위기로 인해 단행된 구조조정에서 쌍용제지를 미국 기업에 매각하며 사실상 그룹해체를 맞이한 상황이었다.

이러한 가운데 1998년 쌍용자동차가 대우그룹에, 쌍용증권을 미국의 H&Q AP에 각각 매각하였다. 1999년 쌍용정유를 사우디아라비아의 아람코사 펀드에. 쌍용중공업은 강덕수 전 STX그룹 회장이 인수, 그룹의 초석이 됐다.

3. 쌍용그룹의 시사점

자동차는 거대한 투자가 필요한 사업이다. 게다가 일정 규모 이상을 양산할 수 있어야 수지가 맞는 사업이다. 이른바 규모의 경제가 필요한 사업이기 때문에 엄청난 자금을 쏟아 부어 규모를 갖추어야 한다. 그런데 쌍용그룹에는 이런 위험을 감수할 만한 자원이 없었다. 게다가 현대자동차와 기아자동차의 벽을 넘어야 하는데, 이게 여의치 않은 상태였다. 누구든지 새로운 사업에 뛰어들 수 있고 뛰어들어야 한다. 그것을 두고 나무랄 수는 없는 일이다. 하지만 뛰어든 이후에라도 잘못된 판단이라고 밝혀지면 신속한 조치로 그만해야 한다. 김석원 회장은 2~3년 정도 투자한 이후에 적절한 시점에 발을 뺐어야 했다.

또한 김석원 회장의 실책으로는 1996년 15대 국회의원(민자당 소속)으로 정계에 진출하는 결단을 내리게 된다. 보통 사업세계에서 어느 정도의 성과를 만들어낸 사람이라면 누구나 인생살이에서 한번쯤 맞부딪히는 도전 중의 하나가 정치계에 입문하는 것인데 한 가지 분명한 사실은 사업가는 정치에 발을 담그지 않도록 해야 한다는 점이다. 그런데 꼭 정치를 하고 싶다면 사업을 완전히 정리하고 정치인으로 변신하도록 해야 한다.

김석원 회장이 정치를 하더라도 그가 결정적인 판단에서 실수를 하지 않은 상태였다면 큰 문제가 되지는 않았을 것이다. 하지만 그룹의 모든 자원을 자동차에 투자하기로 결정하고 돈이 계속 들어가는 상태에서 그가 정치계로 뛰어든 것은 정말 잘못된 일이다.

쌍용그룹의 몰락은 확고한 주력분야가 없는 상태에서의 문어발식 경영, 무리한 기업 확장, 총수의 외도 그리고 외환위기가 원인으로 분석되고 있다. 과거 영화를 누렸던 쌍용그룹은 여전히 재계에 그 흔적을 남기고 있지만, 대부분이 옛 오너일가와는 완전히 단절된 상태다. 쌍용양회공업을 중심으로 쌍용정보통신, 쌍용머티리얼 등으로 구성된 기업집단이 존재하고 있으나 채권단 등이 지분의 60% 이상을 보유하며 경영권을 행사하고 있다. 한때 그룹의 한 축을 담당했던 쌍용중공업은 강덕수 전 STX그룹의 회장이 인수해 STX그룹의 시초가 되기도 했으나, 현재는 STX그룹마저 와해된 상태다.

오직 과거 오너 일가의 흔적이 남은 곳은 쌍용건설. 쌍용건설은 그룹에서 분리된 후 워크아웃을 거쳐 공적자금이 투입돼 현재는 케이알앤씨가 최대주주인 상황이다. 이 같은 쌍용건설의 경영을 맡고 있던 인물인 김성곤 쌍용그룹의 창업회장의 3남인 김석준 회장 김 회장은 지분은 없는 전문경영인이다. 김 사장은 지난해 말 쌍용건설의 위기상황과 관련해 채권단으로부터 사퇴압박을 받았지만 직원들의 절대적 지지를 받고 있는 것으로 알려졌다.

현재 쌍용건설은 지난 2007년 이후 여덟 번째 재매각에 도전하고 있다. 업계 안팎에선 부채규모가 대폭 줄어 새 주인을 맞을 가능성이 높은 것으로 내다보고 있다. 쌍용건설은 이미 우리투자증권과 예일회계법인 컨소시엄을 매각 주관사로 이르면 오는 10월 초 매각공고를 낸 후 매각작업을 본격화할 계획으로 알려졌다. 업계 안팎에선 김석준 회장의 거취에 이목을 집중하고 있다. 채권단으로부터 퇴진 압박을 받아왔지만 김석준 회장은 회사 정상화를 위해 자신의 사재를 털어놓기까지 하는 등 쌍용건설 구성원들의 압도적 지지를 받고 있는 상황. 쌍용그룹 황금기의 마지막 흔적이자 김석준 회장의 향후 거취에 큰 영향을 미칠 쌍용건설의 향후 거취에 여론이 촉각을 곤두세우고 있다.

참고자료)

쌍용자동차(주)에 대한 기업종합평가

1) 금융기관 입장에서의 평가-뷰리체트 지수법

재무비율	가중치	쌍용	표준 비율	관계 비율	평점
유동비율	20	77.2	115.82	0.67	13.4
당좌비율	20	40.02	94.34	0.42	8.4
매출채권/재고자산	5	0.53	2.15	0.25	1.25
부채비율	5	154.1	100.12	0.65	3.25
재고자산회전율	10	8.82	18.16	0.49	4.9
매출채권회전율	25	16.49	8.71	1.89	47.25
총자산회전율	5	1.17	1.28	0.91	4.55
이자보상비율	2	70.66	533.57	0.13	0.26
매출액순이익율	5	-6.64	4.1	-1.62	-8.1
총자산 이익율	3	-7.75	5.25	-1.48	-4.44
합계	100				70.72

쌍용은 부채비율이 산업평균에 비하여 50%가량 높은 것으로 보아, 경영에 있어 타인자본에 많이 의지하는 것으로 보인다. 그리고 재고자산회전율은 2배가량 낮고, 매출채권회전율은 2배가량 높아 기업에 있어 매출채권관리는 효율적인데 반해, 재고가 많이 쌓여 판매가 부진하다는 것을 보여준다. 특히 이자보상비율은 평균치보다 상당히 낮은 수치를 보이는데 이로 인해 기업의 지급능력이 굉장히 떨어진다는 것을 알 수 있게 해준다. 종합평점은 70.72로 산업평균보다 낮은 수치를 나타내는데, 이는 쌍용의 낮은 지급능력과 기업의 활동성이 잘 떨어지

고 있다는 것에서 비롯된 것으로 보인다. 그러므로 대출에 부적격하다고볼 수 있다.

2) 투자자 입장에서의 평가 - 뷰리체트 지수법

재무비율	가중치	쌍용	표준 비율	관계 비율	평점
유동비율	3	77.2	115.82	0.67	2.01
당좌비율	3	40.02	94.34	0.42	1.26
매출채권/재고자산	3	0.53	2.15	0.25	0.75
부채비율	20	154.1	100.12	0.65	13
재고자산회전율	4	8.82	18.16	0.49	1.96
매출채권회전율	4	16.49	8.71	1.89	7.56
총자산회전율	20	1.17	1.28	0.91	18.2
이자보상비율	30	70.66	533.57	0.13	3.9
매출액순이익율	8	-6.64	4.1	-1.62	-12.96
총자산순이익율	5	-7.75	5.25	-1.48	-7.4
합계	100				28.28

전반적인 비율은 모두 양호하지 않은 것으로 보인다. 특히 투자자의 입장에서 중시되는 부채비율과 이자보상비율이 산업평균보다 굉장히 양호하지 않은 수치를 나타내고 있다. 이는 장기지급능력이 우수하지 않다고 보이며, 이러한 지속적인 재무구조의 유지가 이루어진다면 투자자로 하여금 더 낮은 투자율을 보일 수 있을 것으로 기대된다. 종합평점은 28.28로 산업평균보다 매우 낮게 나타난 것으로 보아 투자하기에 부적격하다는 결론을 낼 수 있다.

3) 쌍용자동차(주)의 기업종합평가

산업평균에 비해 재무구조는 매우 불안정적인 수준이고, 수익성과 매입채무회전율이 다소 좋지 않은 상황이므로 개선이 요구된다. 전반적으로 재무비율이 감소하고 있으므로 경영의 효율성을 증대시키기 위해 노력해야 할 것이다.

쌍용자동차 파업문제

쌍용자동차 문제는 많은 사회적 파장을 불러일으키고 있다. 이사태가 장기와 됨으로써 쌍용자동차에 직간접으로 관여도니 직원과 식구들의 고통은 이루 말할 수 없이 커지고 있으며 사태의 장기화로 인한 공장의 미가동 등 여러 가지 부작용이 속출하고 있는 실정이다.

쌍용자동차는 지난 몇 년간 대우그룹으로의 인수 합병, 워크아웃, 해외매각이라는 3차례의 큰 변화를 겪으면서 기업의 정체성에 위기를 맞았으며 대우그룹으로의 인수 이 후 대우그룹의 기업문화가 대대적으로 유입되어지면서 기존 문화와 충동을 일으키면서 현장에 불안감과 혼란이 만연되었으나 곧바로 워크아웃이라는 기업의 생존위기에 내몰리면서 생산성과 효율성만이 강조되고 노조나 노동자는 회사의 생존을 위한 도구에 지나지 않는다는 기업 지상주의가 득세 하였다. 채권단의 해외매각 움직임에 대해 고용불안을 우려한 노조와 해외매각을 통한 경영정상화를 주장하는 회사측간의 이해대립이 워크아웃 기간 동안 어렵게 지속되어왔던 노사 협력 분위기에 균열이 일어나게 되었다. 그러나 노조가 파업으로 매각반대에 나섰지만 큰 성과를 거두지 못한 채

채권단이 해외매각을 확정하고 노조가 이를 추후에 수용할 수 밖에 없는 상황에서 노조의 지도력 역시 크게 훼손됐다.

쌍용차의 노사대립이 최악의 국면으로 치닫고 있다. 5월 21일 쌍용차 노조가 공장 점거 파업에 들어가자 회사는 열흘 뒤 직장폐쇄 조처로 맞섰다. 쌍용차는 애초 2646명을 '정리'할 계획이었는데, 이미 1500여명이 희망퇴직을 신청한 상태고, 희망퇴직을 신청하지 않은 1100명에게 이들이 정리해고 명단에 들어 있음을 우편으로 통보했다. 쌍용차 경영진은 6월3일 일자리 나누기를 통해 경영위기를 타개하자는 노조의 제안을 끝내 거부하고 공권력 투입 의사를 밝혔다. 노조는 파업을 철회할 생각이 없고 사측은 정리해고를 취소할 뜻이 없다. 파업 장기화는 치명타다. 이대로 가다가는 노사는 물론, 하도급업체들까지 연달아 쓰러질지도 모른다는 우려가 짙다. 전문가들은 뾰족한 수를 찾기 어렵다고 한숨을 쉬었다. 중재자로 나서 정상화를 이끌어야 할 정부가 개입하지 못하고 있기 때문이다. 다만 이번 위기의 책임을 노조에게만 전가하는 것은 문제라고 지적했다. 일부 언론 보도처럼 노조가 자동차 회사를 죽이는 양 인식하는 것은 사실과도 다르다는 설명이다.

2005년 노동조합의 새로운 집행구성과 새로운 이사진의 출범으로 쌍용 자동차는 새로운 경영환경을 마련하게 되었다. 그러나 이사회의 구성이 사외이사를 중심으로 대폭적으로 개편되고 인수 시 약속했던 투자계획이 불투명해지고 오히려 연구개발부문에 대한 장악이 노골화 되면서 회사 미래에 대한 노동자의 불안이 점차 가시화 되고 있는 실정이었다. 이와 함께, 기능직 수당체계에 대한 대대적인 손질 등이 예상되면서 쌍용자동차의 노사관계는 매우 불안정한 상태를 보여주었다.

이러한 기업환경 아래서 노사 모두 새로운 집행부를 구성해 처음으로 임단협 교섭을 시작한 쌍용자동차는 당시 교섭과정이 현재 노사관계의 방향을 결정짓는 방향타 역할을 할 것으로 판단되었기 때문에 노사 모두에게 매우 중요한 협상인 셈이었다.

11월13일 쌍용자동차 정리해고 근로자들이 회사를 상대로 낸 해고 무효확인 등 청구소송에서 대법원은 쌍용차의 손을 들어줬다. 쌍용차는 지난 2009년 경영난으로 회생절차 개시를 신청하면서 자구계획 차원에서 2646명의 구조조정을 단행했다. 앞서 2004년 5909억 원이라는 헐값에 쌍용차를 인수한 중국 상하이자동차는 쌍용차의 가솔린 기술과 운영노하우를 빼먹고 유유히 발을 뺐다. 이른바 '쌍용차 사태'다.

현재 국내 5개 완성차 회사 가운데 현대·기아자동차를 제외한 르노삼성자동차, 쌍용자동차, 한국지엠 등 3사는 외국계다. 프랑스 르노, 인도 마힌드라그룹, 미국 제너럴모터스(GM)가 각각 그 주인이다. 외국계 자본유입에는 분명 장·단점이 있지만 '쌍용차 사태'와 같은 위험은 언제나 도사리고 있다.

쌍용자동차의 매각추진

구조조정의 태풍이 일단 지났다고는 하나, GM대우 역시 여전히 불안한 상황이다. 사실상 파산상태인 GM 미국 본사가 GM대우를 매각하지 않기로 결정했으나 향후 상황이 어떻게 변할지는 알 수 없다. 단기적으로는 흑자계열사인 GM대우가 GM 본사의 회생을 위한 지렛대로 사용되겠으나 상하이GM을 저가소형차의 전략적 수출기지로 육성

할 방침이 명확한 이상 장기적으로 GM대우의 축소는 불가피해질 수 밖에 없다. 국민경제에 막대한 영향력을 발휘하는 자동차 산업의 양대 기업이 불안정해진다면 고용대란은 피할 수 없어 보인다. 쌍용자동차에 연관된 하청기업들의 고용만 합쳐도 20만 명에 달하고 있고, 대우자동차는 이보다 훨씬 큰 규모의 고용을 책임지고 있기 때문이다.

완성차 업체의 고용대란이 어느 정도로 자동차산업 전체를 혼란으로 몰아갈지는 가늠하기가 쉽지 않다. 분명한 것은 일차적으로 부품업체의 경영악화가 다른 완성차 업체의 부품조달 체제에 영향을 끼칠 것이고, 장기적으로는 자동차 소비시장에 영향을 줘 재차 소비자와 하청업체의 부담을 늘어나게 할 것이라는 점이다. 또한 산업 재편기라는 기나긴 터널의 초입에 들어선 세계 자동차 산업에서 경쟁력에도 변화를 가져올 것이 분명하다. 이런 상황에서 쌍용자동차와 GM대우의 위기가 점점 더 '개별 기업의 노사 문제'로 축소되는 것은 상당히 우려스러운 일이다. 더구나 현재의 위기가 쌍용자동차와 GM대우가 영업을 잘못해서 생긴 것이 아니지 않은가? 위기의 씨앗은 외국 자본의 유입과 국책은행-산업은행의 책임회피로부터 잉태되었다.

쌍용그룹과 대우그룹간의 쌍용자동차 매각추진 협상이 지난달부터 물밑에서 깊숙이 진행돼 가고 있는 것으로 알려져 재계에 큰 파장을 불러일으키고 있다. 이는 그동안 벤츠와의 지분참여 확대협상에 매달려온 쌍용그룹이 협상이 장기화되자 대우그룹을 새 파트너로 삼아 그룹의 경영위기를 타개해 나가려는 전략을 세운 것으로 풀이된다.

1) 배경

쌍용그룹이 대우그룹에 쌍용자동차를 넘기겠다고 나선 것은 무엇보다 쌍용자동차에 대한 벤츠의 지분참여 협상이 장기화됐기 때문이다. 하루라도 빨리 처분해야 할 짐으로 여겨진 쌍용自인데 느긋하게 상황을 보아가며 협상조건을 저울질해 온 벤츠만 처다보다가는 그룹이 위기에 빠질 가능성이 크다는 판단이 작용한 듯하다.

쌍용그룹은 그동안 그룹의 자금난을 부채질해 온 쌍용자동차에 대해 벤츠자본을 끌어들이는 데 집요하게 매달려 왔다. 벤츠 자본을 끌어들여 자본잠식 상태에 들어간 이 회사를 회생시켜 짐을 덜겠다는 계산이었다. 그러나 대기업이 잇따라 도산하고 있는 상황에다 이 회사는 부채가 3조 4천억원대에 이르고 누적적자 규모가 4천억원 안팎에 달하는 등 벤츠로 하여금 지분참여를 주저하게 만드는 요인이 산재, 협상이 답보상태를 보였다. 항간에는 벤츠는 쌍용자동차의 주당 인수가격을 1달러 선에서 타결짓자고 하는데 반해 쌍용그룹은 4천원 선을 주장, 협상이 지지부진해 왔다는 설도 최근 증권가루머로 떠돌기도 했었다.

이에 따라 쌍용그룹은 4륜 구동차 등의 취약부문 진출을 계획 중인 대우그룹에 손짓을 보낸 것으로 보인다. 金회장이 직접 나서 국내 자동차산업의 구조개편 필요성을 제기하며 대우에게 인수요청을 했다는 시나리오가 그래서 설득력을 갖는다.

쌍용그룹 회장은 이와 관련해 지난 5일 부총리에게 면담을 두 차례 요청했으나 면담이 성사되지 않아 전화를 통해 이같은 배경을 설명한 것으로 전해진다.

이에 따라 대우그룹은 자동차산업의 구조개편 필요성을 절감하고 있는 정부와 쌍용그룹의 처지를 고려하며 인수에 일단 긍정적인 반응을 외관상으로는 보이고 있는 것으로 관측되고 있다.

2) 쌍용차 위기의 본질, '먹튀 자본'

'먹튀 자본'이라는 말이 있다. 이익만 잔뜩 거두고(먹고) 해야 할 일은 하지 않고 도망가는(튀기) 자본을 비하하는 말이다. 이 말은 지금까지 '투기자본'이라는 용어와 동일시되어 왔다. 투기자본은 주로 금융을 매개로 실물가치 생산에 기여하지 않고 수익을 올린다.

"쌍용차 매각은 론스타 사태(외환위기 직후 외환은행 헐값 매각 사건을 말함-필자 주)와 비슷하다. 정부관료 주도로 투기자본에 매각됐다. 자본의 유형은 다르지만 인수사가 기업의 부실만 키우고 기업의 핵심을 빼간 것이다. 매각주도사(삼일회계법인, 김&장 법률사무소-필자 주)도 론스타와 같다." (심상정 전 진보신당 대표 인터뷰)

말 그대로 쌍용자동차의 대주주 상하이자동차의 행태는 투기자본과 유사하다. 기존의 투기자본과 다른 점이 있다면 시세 차익을 노린 금융자본이 아니라 기술 이전을 노린 산업자본이라는 것 뿐이다. 쌍용자동차는 매각 이듬해부터 영업이익 흑자를 내었고, 2007년에는 매각 이후 처음으로 순이익 흑자로 전환되었다. 그러나 여전히 매각 이전의 수준과는 현격한 차이를 보이고 있다.

그 사이 상하이자동차로의 기술 유출 논란은 끊이지 않고 이어져 왔다. 먼저, 경영권이 공식 인수된 2005년에 쌍용자동차가 상하이자동차와 합작으로 중국에 엔진공장 설립을 추진하였으며, 같은 해 연구원들이 대거 도면을 지참하고 중국 출장에 나선다는 의혹이 제기되었다. 기술유출에 반대하던 한국측 대표이사를 해임하고 2006년에 들어서자 헐값 기술계약의 논란이 벌어졌다. 쌍용자동차 '카이런'을 생산하는 이른바 "L-프로젝트 라이선스 계약"이 불과 240억 원에 상하이자동차와 맺어진 것이다. 신차 기술 개발 비용이 약 3000억 원임을 감안하면 10분의 1 가격에 불과하다. 더구나 이 기술은 디젤하이브리드 엔진 기술로 정부가 차세대 핵심기술로 선정해서 기술 개발을 지원해 왔던 것이다. 이 기간 동안 쌍용자동차의 신차종 개발은 사실상 전면 중단되었다.

쌍용자동차 위기에서 나타난 몇 가지 문제점

'쌍용 자동차 조기 정상화를 위한 당정회의'는 결국 소득없이 끝났다. 노조와 사측(법정관리인측)은 여전히 정리해고 문제에 대해 한 치의 물러섬도 없이 대치했다. 갈등은 경영난에 빠진 쌍용차가 지난 1월 9일 법정관리를 신청하면서 시작되었다. 법원은 구조조정을 전제로 한 쌍용차 회생절차 개시 결정을 내렸고 회사는 지난 4월 총원의 36%(2654명)를 줄이는 구조조정안을 발표했다. 구조조정안에 반대하는 쌍용차 노조원 1000여명은 지난달 22일부터 파업에 돌입했다. 사측은 "구조조정 없이는 전 직원이 공멸할 수밖에 없다"며 지난달 31일 직장폐쇄 조치를 단행했고, 2일 직원들에게 정리해고를 통보하는 우편물을 보냈다.(1534명은 희망퇴직 신청). 이에 노조는 다시 옥쇄파업으로 맞서고 있는 상황이다. 쌍용자동차 정리 해고 문제 상황에서 몇 가지 짚어 보아야 할 것이 있다.

〈쌍용자동차 파업사태 중 경찰진압에 반대하여 생산차량에 불을 지르는 노동조합원〉

1) 쌍용자동차 문제는 노사간 문제가 아니다.

노동조합은 기업의 피고용자들이 고용조건에 관한 단체협약을 통해서 사측으로부터 자신들의 권익을 지키려고 만든 조직이다. 하지만 이번 쌍용자동차 노조의 갈등 대상은 사측이 아니다.

쌍용자동차는 부도가 난 상태이고, 파산위기에 처해 있었다. 다행히 법정관리의 대상이 되긴 했지만, 이럴 경우 채무자인 사측은 채권단의 요구에 응할 수밖에 없었다. 사측은 구조조정 없이는 회사가 파산할 수밖에 없으며 7000여 명에 달하는 전 직원이 실직 할 수밖에 없다고 말한다. 노조는 이에 대해 인력 감축 대신 근무시간 감소로 노동자끼리 고통을 나누겠다고 맞섰다. 하지만 채권단은 사측이 제시한 구조조정안에 대해서도 충분하지 않는 인력조정이라는 입장을 보이고 있었다. 쌍용차는 올 1분기 동안 작년 동일 기간에 비해 1/4을 생산했고, 2003년 9.8%였던 국내시장 점유율도 1.9%로 곤두박질 친 상태였기 때문이다.

2) 파업에 임하는 노조의 대응이 폭력으로 변질될 우려가 있어 심각함을 더해 주고 있다.

한국경제신문에 따르면 노조는 공권력 투입에 대비해 2m길이의 쇠파이프와 죽봉 · 새총 · 화염병 등을 준비해 놓았다고 한다. 또 노조원 200-300명은 무장한 경찰에게 맨몸으로 맞설 수는 없다며 매일 쇠파이프를 들고 공권력 투입에 대비한 방어 연습도 진행 중이라고 했다. 이에 대해 노측은 "노조의 폭력성을 부각시키기 위해 사측이 일부 사실과 다른 정보를 흘리고 있다"고 하면서도 "공권력이 들어오면 물러서지 않을 것"이라고 말했다.

3) 쌍용자동차 문제는 단순히 해고 대상자만의 문제도 아니다.

파업이 장기화 되면서 회사측과 지역 경제의 손실이 커지고 있다. 지난달 22일 시작된 파업으로 인해 차량 5천 600여대를 만들지 못해 매장에서는 차가 없어 못 파는 상황이고 4000대 가량의 수출물량이 밀려있다.생산 손실은 8천 600여억 원 이다. 또한 간접적인 영향까지 합하면 평택시에서 쌍용차는 30%의 지역경제를 담당하고 있다고 한다.

4) '먹튀자본'의 본색을 유감없이 보여주었다.

쌍용자동차의 위기는 오래전부터 예견되어온 위기이다. 이미 알려진 것처럼, 오늘 날 쌍용자동차 부실사태의 직접적인 이유는 대주주인 상하이자동차가 저지른 불법과 정부의 국가 기간산업을 해외매각한 정책에 있다. 상하이자동차는 쌍용자동차를 인수하는 조건으로 1조 2천억을 투자하겠다고 약속했지만 경영 4년 동안 단돈 1원도 투자하지 않고 전 차종의 설계도면, 엔진, 하이브리드 신기술까지 빼가는 먹고 튀는 먹튀자본의 본색을 유감없이 보여주었다.

5) 쌍용자동차의 위기에 대한 책임을 노동자에게만 전가하고 있다.

쌍용자동차 노동조합 지부는 이미 쌍용자동차 정상화를 위해 '일자리 나누기로 구조조정 없이 함께 사는 길'을 사용자 측과 정부에 제안하였고 더 나아가 노동조합 후생복지 기금을 담보한 1,000억 투자, 비정규직의 고용안정을 위한 12억 출연, 실질임금 축소, 추가 부담 없이 제도적 지원을 통해 인건비 지원을 받을 수 있는 무급순환휴직 등을 제안하였다. 이러한 노동조합의 제안은 사용자 측의 인건비 절감액인 1,890여억원보다 더 큰 절감효과가 있다. 이를 묵살하고 일방적으로 정리해고를 강행하는 것은 노동자의 생명을 빼앗는 살인행위이며 쌍용자동차의 위기에 대한 책임을 노동자에게만 전가하는 것이다.

6) 특별단체교섭 권고를 무시하고 일방적으로 정리해고를 강행중

쌍용자동차 위기의 책임이 상하이자본과 정부에 있음에도 쌍용자동차 경영진과 채권단은 고통을 함께 나누려는 노동조합의 제안에 대하여 진지한 검토도 없이 중앙노동위원회의 구조조정에 대한 특별단체교섭 권고를 무시하고 일방적으로 정리해고를 강행하고 있다. 심지어 이 과정에서 회사측의 개별노동자들에게 대한 온갖 회유와 협박으로 심각한 충격을 받은 조합원이 사망하는 사건까지 발생하였다. 더 나아가 노동조합의 간부들에 대한 고소고발 및 손배 가압류를 진행하고 노사 합의사항인 상여금 250% 삭감, 임금체불도 일방적으로 통보하였고 심지어 오직 문제의 해결은 공권력 투입뿐이라면서 정부의 공권력 투입을 요구하고 있는 실정이다.

4. 쌍용자동차의 교훈

산업은행은 한 발짝 물러서서 법정관리 상태의 쌍용자동차를 지켜보면서 불개입의 원칙을 고수하고 있다. 그러나 언론을 통해 쌍용차와 GM대우를 묶는 방안을 흘리고 있다. 주로 '일부', '전문가'라는 입을 통해 전달되는 이 방안의 핵심은 쌍용-GM대우-르노삼성까지를 묶어 현대기아차와 함께 '자동차 2강'을 구축하는 것이다. 그런데 이른바 '자동차 2강론'은 이들 3개 회사가 현재보다 상황이 더 나빠질 때 실현가능성이 높다는 역설이 존재한다. 정부와 산업은행의 개입이 더욱 필요해질 것이기 때문이다.

그렇다면 산업은행이 쌍용자동차의 이해관계자들이 그토록 요구하고 있는 공적자금 투입에 대해서는 전혀 움직이지 않는 가운데 자동차 2강론을 흘리는 이유는 명백하다. 노동자와 하청기업의 고통은 외면하고 향후 도래할지도 모를 한국 자동차산업의 재편기에 자신의 정치적, 경제적 영향력을 극대화하겠다는 것이다.

현재 쌍용자동차가 국민경제에 주는 교훈은 무엇인가? 그리고 현재의 문제를 해결하기 위한 원칙은 무엇이 되어야 하는가? 그 원칙은 첫째, 무책임한 외국 자본과 종속 관계를 청산하고, 둘째, 산업 전략 차원에서 접근해야 하며, 셋째, 하청기업과 국민소비자의 이해도 포괄하는 것이 되어야 한다.

이 세 가지 원칙에서 정부와 산업은행은 쌍용자동차 문제를 원만하고 조속히 해결하는 데 나서야 할 것이다. 앞으로 세울 수 있는 전략은 아래와 같다.

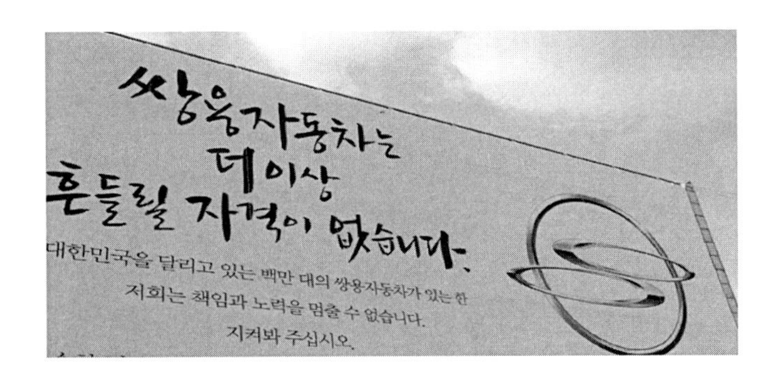

첫째, 공적자금을 투입하고 출자 전환 방식을 통해서 무책임한 외국인 대주주의 지분을 회수하며, 둘째, 디젤하이브리드 기술력을 보존하면서 향후 세계 자동차산업의 재편 특히 중국 소형차 산업의 성장에 대비하고, 셋째, 고용을 유지하고 생산 및 판매의 산업적 연관관계가 해체되지 않도록 보존하여야 한다.

티볼리 흥행 노리는 쌍용차

지난 2010년 법정관리 기업인 쌍용차를 인수한 인도의 마힌드라는 쌍용차의 신차 개발 및 생산 등에 자율성을 보장했다. 르노삼성과 한국지엠이 각각 판매·생산기지화 되고 있다는 비판에 휩싸인 것을 감안하면 긍정적이다. 이로 인해 쌍용차는 지난 2013년까지 성장을 거듭해왔고 지난해도 수출부진을 겪었지만 괄목할 만한 내수성장을 이뤘다.

쌍용차는 현재 4년 만의 신차 '티볼리' 출시를 앞두고 있다. 쌍용차가 선택한 회생카드는 역시 SUV였다. 대신 차급을 줄여 '10만대' 이상 판매할 수 있는 차량을 만들었다. 최근 '대세'로 떠오른 B세그먼트급의 차량이다. 쌍용의 부활을 기대해본다.

아직 끝나지 않은 아픔

2009년에 방영 된 '시사 매거진 2580' 에서는 구조조정 대상자들의 안타까운 현실을 담아냈다. 한 대상자의 부인은 "구조조정이 사람이라면 죽어버렸으면 좋겠다"며 눈물지었다. "실업은 살인이다"를 적은 손피켓은 쌍용 자동차 파업을 주도하고 있는 노조의 주장을 함축적으로 담고 있었다. 하지만 이와 반대 입장에 선 사람들도 있다. 쌍용차 협력업체 소속 4000여명은 '쌍용차 정상화 촉구 결의대회'를 갖고 노사간 극한대립은 공멸이라며 파업 중단을 요구했다. 대부분 중소기업체 직원인 이들은 쌍용차가 문을 닫게 될 경우 1600여 개의 협력회사와 여기에 소속된 직원과 가족을 포함해 20여 만 명의 생계가 당장 위험 받게 된다고 주장했다. 이들은 공장을 봉쇄했지만 인터넷과 미디어를 통해 세상을 주시하고 있을 해고 노동자들과 그들의 가족, 불안과 자괴에 소름 돋을 아직 해고되지 않은 노동자들에게 우리의 관심과 사회적 압력은 얼마나 중요한가. 그들 스스로 만든 감옥에서 그들이 오늘을 사는 것은 숨과 물이 아니라 감옥 밖에서 그들을 기다리는 가족과 사회적 관심뿐이다. 그들이 살면 아직 해고되지 않은 노동자와 회사 모두 산다. 즉, 그들이 살면 점진적으로 일반시민들도 산다고 볼 수 있는 것이다.

실업은 당해보지 않은 사람은 모를 만큼 힘든 일이다. 하지만 그렇다고 책임을 전가하는 것은 옳지 않다. 노조는 쌍용차 실패의 한 책임자다. 경영진은 책임을 지고 일괄 사표를 제출했다. 또 대주주인 상하이 자동차 역시 경영권에서 완전히 손을 떼었다. 하지만 노조는 회사가 위기이니, 국민세금을 투입해 쌍용자동차의 공기업화 할 것을 요구하고 있다. 왜 기업의 파산위기의 책임을 국민이 분담해야 하는가? 게다가 쌍용차문제는 공익적 문제도 아니고 국민적 공감대도 형성되어 있지 않다. 뼈를 깎는 아픔이겠지만 책임 있는 노조의 모습을 보여야 할 것이다. 도요타 자동차의 노조는 1950년대 초 구조조정과 총파업을 겪으면서 노사 대립이 회사 파산까지 갈 수 있다는 교훈을 얻었다. 그 후 55년간 도요타는 노사화합을 이루면서 무분규를 지속, 마침내 세계 정상에 오를 수 있었다. 쌍용자동차는 노조와 사측이 모두 힘을 합쳐도 살아날 수 있을지 모를 상태였다. 쌍용자동차가 도요타 자동차

의 교훈을 잘 살려 다시 한 번 도약할 수도 있었지만, 결국 주저앉고 말았다. 이러한 사태에 대해 해결하고자 많은 노력을 하였지만 진전이 없었다. 시간이 지날수록 무력충돌의 위험성이 커가고, 근본적인 해결을 할 수 있는 정부는 수수방관하고 있는 형국이다. 지난 날 함께 웃으며 일하였던 동료들이 '산 자와 죽은 자'로 나뉘어서 싸워야만 하는 이 현실이 너무도 서글프다. 공장안에서 아버지와 함께 지내는 아이들의 해맑은 웃음은 잠시나마 우리에게 안식을 주지만, 이 아이들의 미래를 위해서라도 일을 해야 하는데, 일하고 싶어도 일할 수 없는 이 현실은 분명히 무언가가 잘못됐다고 볼 수 있다. 근본적 원인으로부터 해결점을 찾는 게 아니라 노동자들의 해고로 일시적인 위기를 막아보려는 회사와 정부의 태도는 분명 잘못되었다. 나라 경제가 어렵다면서, 노동자들을 길거리로 내몰아 내수경제를 더욱 악화시키는 이런 행태를 우리는 그저 지켜봐야만 하는가? 그저 평택지역 노동자들의 이야기로만 생각해야 하는가? 쌍용자동차는 우리나라 자동차 산업의 경쟁률은 점점 떨어지고, 외국으로의 기술력 유출, 노동자해고로 인한 내수경기 침체 악화 등 많은 문제들을 야기하고 있다. 한 지역의 분쟁으로 치부하기엔 너무나도 엄청난 일이다.

쌍용차를 필두로 시작된 외국자본의 먹튀와 기술유출이 지금 하이디스에서 반복되고 있다. 투기자본이 기술유출 등 기업가치를 빼 가고, 인수합병을 전문으로 하는 행태가 확산되고 있다. 노동자에게는 너무 큰 고통이다. 투기자본이 활개치면 장기적으로 산업경쟁력에 부정적 영향을 초래한다. 건전한 산업자본을 육성하고, 금융자본의 산업자본 지배를 제어하는 방식의 규제책 마련이 필요하다.

개별 법률에 흩어져 있는 투기자본 규제 방식을 한 법률로 모을 경우 자유무역협정(FTA) 저촉 문제가 발생할 수도 있다. 따라서 정부 당국이 현행 법률에 흩어져 있는 투기자본 규제 장치에 대한 정책 집행의지를 세우는 것이 무엇보다 중요하다.

이와 함께 경제구조를 건전하게 바꿔 나가야 한다. 정부는 외형적 성과 위주의 투자, 단기적 성과를 위한 토건 투자 위주의 경기부양책을 버리지 못하고 있다. 재원 부족이라는 이유로 사모펀드와 공생하는 경제정책에 대한 성찰이 필요하다. 외국인 투자를 유치하는 것만을 만능으로 보는 관행이 국내 자본에 대한 역차별 논란을 불러일으켰고, 그 논란의 틈새를 이용해 투기자본이 기술유출과 같은 기업가치 빼가기를 시도하고 있다. 고용과 생산에 대한 투자의사를 명확히 할 때 정부가 지원하는 방향으로 정책을 확립해야 한다. 정부는 특히 재벌과 투기자본 이외에 존립하지 못하는 투자패턴이 바뀔 수 있도록 중소자본을 살리고 공공기관의 역할도 강화하는 방향의 지원대책을 병행해야 한다. 우리 국민모두가 쌍용자동차 문제에 더 관심을 가지고 조속히 잘 해결될 수 있도록 힘을 모으고 노력했으면 이런 사태가 벌어지지 않았을 것이라고 생각된다.

제 7장
한보

IMF의 신호탄 쏜 한보그룹

7장 | 한보

IMF의 신호탄 쏜 한보그룹

지난 1997년 대한민국을 절망으로 몰아넣은 외환위기. 국가 위기 상황으로 인해 서민들은 참담한 고통을 겪어야 했다. 기업들의 연쇄 도산과 이로 인한 실직, 금융 위기 도래 등 숱한 부작용이 발생했기 때문. 특히 대우그룹 등의 대기업 부도로 인한 후폭풍은 상상할 수도 없는 규모였다.

이 같은 대기업의 연쇄도산의 신호탄이 된 것은 당시 재계 자산 순위 14위였던 한보그룹의 몰락. 계열사는 물론, 수천 개에 이른 하청업체, 돈을 빌려준 금융사까지 후폭풍에 시달려야만 했다. 한보그룹을 시작으로 진로·기아그룹 등이 줄줄이 부도처리됐고, 재계 서열 4위 대우그룹까지 공중분해됐다.

이는 그간 고속성장을 거듭해 온 대한민국 경제계에 큰 경종을 울렸다. 한보그룹 몰락과 동시에 대한민국 경제의 어두운 면이 고스란히 드러났기 때문. 한보그룹의 권력형 금융 부정과 특혜 대출 비리가 드러나며 파장을 일으킨 것. 이른바 '한보사태'의 전모가 드러나며 국민적 공분을 일었다.

1. 정태수 한보그룹 회장

한보그룹 정태수 회장은 1923년생으로 진주농림고등학교를 졸업, 1951~1974년에 세무 공무원을 하다가 한보그룹을 설립하고 건설업으로 돈을 많이 벌었다. 그는 한보철강의 창립자로 은마아파트를 건설했으며, 시베리아 가스전개발과 당진제철소를 건설하다가 도산하여 1997년 IMF 위기 현장의 주인공이 되기도 했다. 재판 중에 출국하여 현재 카자흐스탄의 카스피 해역 석유개발 및 키르기스스탄에서 금광개발을 시도하고 있는 것으로 알려져 있다. 1983년 현 강릉 영동대학을 설립하기도 하였다.

2. 한보그룹의 발전사

- 한보그룹의 탄생 및 계열사 확장

정태수 회장이 초기에 산업의 기반을 닦았는지에 대해서는 자세히 알려져 있지는 않다. 전 재산을 털어서 시작한 광산업에서 큰돈을 벌었고 1974년에 회사를 창립하여 이듬해인 1975년에 영등포구 구로동에 영화아파트 172가구를 건립하면서 건설업에 뛰어들었다는 정도이다. 2가지 사업 모두 사업 중에서도 투기, 즉 '베팅'성격이 강한 업종들이다. 그는 강남구 대치동의 쓸모없는 유수부지 7만여 평을 매입해서 당시 단일 물량으로 최대 규모였던 2,200세대를 은마타운이란 이름으로 분양하면서 큰돈을 만지게 된다. 이후 추가적으로 2,400세대를 분양함으로써 성장의 발판을 굳힌다. 여세를 몰아서 1979년 초석건설을 인수하여 한보종합건설로 상호를 변경하고 해외건설에 뛰어들었고 이후 주택, 상사, 종합건설, 목재, 탄광, 상가 등으로 계열기업을 확장해왔다. 골프장뿐만 아니라 은행관리업체였던 태화방직을 인수하기도 했다. 그러나 부실기업을 인수해서 급성장해온 대부분의 재벌들처럼 한보그룹의 재무구조는 늘 취약한 상태를 벗어나지 못했다. 한보철강, 한보주택, 한보탄광 등 3개 주력 기업을 바탕으로 계열사를 확장해왔지만 철강이 남기는 수익을 제외하면 여타 계열사들의 재무구조는 취약한 상태를 벗어나지 못하고 있었다.

한보그룹은 세무공무원 출신인 정태수 전 한보그룹 총회장의 손끝에서 시작됐다. 정 전 총회장의 발자취와 한보그룹의 시작과 몰락은 완전한 동일선상에 놓여 있다.

1923년생인 정 전 총회장은 당초 사업과는 크게 연관이 없어 보이는 직종에 종사하고 있던 인물이었다. 사회에 첫발을 내디뎠을 무렵 그의 직업이 세무공무원이었기 때문. 1951년부터 1974년까지 공무원 생활을 하고 있던 그가 사업가의 길을 걷게 된 계기는 역술가 때문이라는 후문이다. 한보그룹을 이끌 당시에도 역술가를 가까이 했다던 정 전 총회장은 "사업을 하면 크게 성공할 인물"이라는 역술가의 말에 사업가로의 변신을 결심한 것으로 전해졌다.

정 전 총회장은 1974년 한보상사를 설립하며 본격적인 사업가의 길을 걷게 됐다. 이후 한보는 건설업에 매진했고, 이로 인해 사세가 급격히 확장됐다. 지난 1978년 건설한 서울 강남의 대표적 재건축 단지 은마아파트 4400여 가구가 단 열흘 만에 분양되면서 세무공무원 출신 정 전 총회장은 성공한 사업가 반열에 오르게 된 것이다.

이후 정 전 총회장과 한보의 행보는 거칠 것이 없었다. 1981년 한보그룹 설립과 동시에 그룹 회장으로 취임한 정 전 총회장은 사업분야를 다각화하기 시작했다. 대표적인 사례가 한보철강 설립을 통한 철강업계 진출이다. 지난 1984년 한보그룹은 부산 사상구 구평동 해안가에 위치한 10만 평 규모의 금호산업을 인수하면서 본격적으로 철강업계에 첫발을 들여놓았다. 당시 한보그룹의 금호산업 인수를 두고 업계는 이해할 수 없다는 반응을 내놓았다. 한보그룹이 금호그룹으로부터 섬유·철강 2개 업종 중 하나를 골라 인수할 수 있었으나 경기가 좋지 않던 철강 쪽을 선택했기 때문이다.

한보그룹의 금호산업 인수 이유는 공장부지가 아파트 건설부지로 적합하다는 판단을 내렸기 때문으로 전해진다. 본래 철강사업보다는 해당 부지에 아파트를 지어 매각할 계획이었던 것으로 보인다. 하지만 한보그룹이 금호산업을 인수하자 그간 바닥을 치고 있던 철강 경기가 회복세로 돌아서기 시작했다. 더욱이 건설경기가 회복되고 중국특수 등으로 국내외 수요가 살아나며 철강업은 단기간에 엄청난 수익을 올릴 수 있는 알짜 사업으로 급부상했다.

한보그룹에 인수된 이 회사는 이후 한보철강으로 이름을 바꾸어 달고 한보그룹의 주력 기업으로 떠올랐다. 한보철강은 지난 1986년 수출 총 5000만 달러를 기록했고, 정 전 총회장은 철강사업 확장 계획에 나섰다. 바로 아산만에 76만 평을 매립, 당시 세계 5위 규모의 초대형 제철소를 건설하겠다는 사업을 구상한 것이다. 한보그룹 몰락의 최대 원인이라고 할 수 있는 '당진제철소' 건설 계획이 시작된 것이다.

3. 한보그룹의 몰락의 전조

주목할 만한 부분은 이 같은 당진제철소 건설 계획 과정과 관련해서 업계에 돌고 있는 비화가 있다는 점이다. 앞서 이야기했듯이 당초 세무공무원 출신이었던 정 전 총회장이 사업가의 길을 걷게 된 데에는 역술인의 "사업을 하면 크게 성공할 인물"이라는 말이 크게 작용한 것으로 알려졌다. 때문에 정 전 총회장은 사업가의 길을 걷게 된 이후 크고 작은 대소사에 역술인의 조언을 받아온 것으로 전해진다.

업계 후문에 따르면 그룹의 사운을 결정지을 당진제철 건설 계획 과정에서 어김없이 역술인이 등장한다. 정 전 총회장이 철강 사업 확장과 이에 따른 성공 가능성을 판단하는 과정에서 역술인의 조언을 구했고, 이를 토대로 사업을 추진했다는 것이다.

이는 지난 1985년 한창 2차 철강 사업 확장 계획을 구상 중이던 정 전 총회장이 서울 종로구에 위치한 모 철학관을 찾았고 역술인에게 "새 사업을 시작하려고 하는데 가능성이 있겠는가"라고 조언 아닌 조언을 받았다는 후문. 당시 역술인은 정 전 총회장에게 "흥한다"라고 답변한 것으로 전해지고 있다. 일각에선 이를 기점으로 정 전 총회장이 철강 사업 확장 성공 가능성에 확신을 갖게 됐다는 소문이 여전히 흘러다니고 있다. 소문의 진위여부는 확인되지 않고 있지만, 이후 한보그룹의 당진제철소 건설이 추진됐다는 것만은 변하지 않는 사실이다. 문제는 이 같은 당진제철소 건설 프로젝트가 수많은 문제점을 내포한 채로 시작됐다는 것이다. 이는 제철소 부지매립 과정을 두고 불거진 특혜 논란과 자금조달 계획에 석연치 않은 구석이 있었기 때문이다.

부정과 불법으로

당초 한보가 제철소 건설을 위해 매립 면허를 받은 아산만 일대는 공유수면 매립 기본계호기에 지정돼 있지 않은 땅이었다. 그러던 것이 한보 측의 매립요청이 있은 직후인 1989년 6월 경제장관회의를 거치면서 공유수면 매립지로 전격 고시됐다. 정부는 이미 1980년대 초 전국토에 대한 매립기본계획을 세우면서 아산만 일대는 조수간만의 차가 심하기 때문에 매립지로 부적합하다는 결정을 내린 바 있던 상황. 그런데 이 같은 결정이 한보의 요청 이후 돌연 변경된 것이다.

석연치 않은 부분은 또 있었다. 당시 아산만에는 삼성종합건설이 전기 전자 제지공장 부지로 매립요청을 신청해 놓은 상태였다. 하지만 같은 요구조건이었음에도 불구하고 한보 측의 매립 요청은 허가된 반면, 삼성 측 요청은 기각됐고, 결국 특혜 시비가 불거져 나왔다. 그러나 이 같은 논란은 이후 일회성에 그치고 한보 측은 아산만 해당 부지에 대한 정식 매립면허를 취득하는데 성공한다.

당진제철소 자금 조달도 석연치 않은 과정이 곳곳에서 발견됐다. 정 전 총회장은 지난 1991년 1월 기자회견을 통해 "당진제철소에 소요되는 총 사업비 1조1786억원 가운데 4590억원을 주택사업, 유상증자, 사채발행 등을 통해 자체조달할 계획"이라며 "주택사업으로 개포, 수서지구 3000세대, 가양 등촌지구 4000세대 건립을 시작하고 1993년부터는 부산공장 이전에 따른 아파트 1만 세대 건립을 추진해 나갈 방침"이라고 밝혔다.

하지만 정 전 총회장이 주자금원으로 밝힌 수서지구 아파트 건립계획은 주택조합에 대한 서울시의 택지 불법공급을 전제로 한 것으로, 훗날 '수서사건'이라는 대형 부조리로 불거지며 전면 백지화된다. 이 일로 인해 정 전 총회장은 일생 세 번의 구속 중 첫 번째로 구속을 당하게 된다. 아울러 가양 등촌지구 역시 한보그룹이 임직원 명의로 자연녹지를 소유하고 있는 사실이 드러나며 법률상 한보에 대한 택지 공급이 불가능한 지역으로 판명, 자금 조달이 불가능한 것으로 나타났다.

커다란 상처 남기고

이처럼 한보그룹의 당진제철소 건설은 터무니없는 무계획 속에서 진행됐고, 사업 추진 핵심인 자금 조달은 훗날 드러나듯이 철저한 부정과 불법을 전제로 하고 있었다. 그럼에도 불구하고 한보그룹은 부족한 자금을 금융권에서 끌어모으며 당진제철소 건설을 추진했고, 급기야 5조원 이상의 부채를 떠안게 된다.

한보그룹은 제철소 사업을 추진하면서 시설 투자를 위해 금융권에 끊임없이 대출을 요구했음에도 불구하고 정부와 채권단으로부터 단 한 차례의 제지도 받은 바가 없다. 대출금 규모가 눈덩이처럼 불어남에도 불구하고 정부와 채권단이 한보그룹의 주장을 그대로 수용하며 투자비를 계속 지원했기 때문이다. 이러한 가운데 한보그룹은 18개의 회사를 인수하거나 설립하는 등 계속해서 사업을 확대해 나갔다.

무리한 차입 경영을 되풀이하던 한보는 결국 지난 1996년 자금난에 시달리게 됐고, 지난 1997년 1월23일 주력기업이자 사운을 쥐고 있던 한보철강이 부도를 맞이하게 된다. 한보그룹의 타 계열사는 한보철강을 지원하기 위해 동원됐고, 이로 인해 위기 여파는 결국 한보그룹 전체로 번져나가게 됐고 그룹이 와해됐다. 법원은 이후 한보그룹의 사업부분을 분할 매각했고 그 매각 대금을 채무 변제에 사용했다. 하지만 정리절차를 통해서도 변제하지 못한 채무 1조원은 은행 등 금융기관과 채권자들의 손실로 남게 됐다.

한보그룹의 와해는 단순히 개별 기업의 몰락이 아닌, 국가 경제 근간을 흔드는 신호탄이었다. 당시 한보에 무작정 자금을 지원하던 금융권 역시 막대한 손해를 입게 됐고, 이로 인해 재계에 대출해 준 금액을 서둘러 회수하기 시작했다. 이로 인해 진로·기아그룹이 순차적으로 무너져 내리기 시작했다. 결국 한보의 몰락은 외환위기의 신호탄이었던 셈이다. 뿐만 아니라 한보그룹의 와해 후폭풍은 정·재계로 일파만파 번져나갔다. 한보그룹의 당진제철소 건설 과정에서 상식적으로 이해가 불가능했던 무한한 자금 동원력과 관련한 부정과 불법 정황이 고스란히 드러났기 때문이다. 정 전 총회장이 금융권과 정계에 로비한 정황이 드러났기 때문. 정 전 총회장은 이른바 '한보사태'와 관련한 수사를 받으면서 공금횡령 및 뇌물수수 혐의로 징역 15년을 선고받았고, 로비를 받은 정치인과 전직 은행장 등 10명이 징역 20~5년을 선고받았는데, 이는 빙산의 일각이라는 평도 나왔다. 특히 당시 김영삼 대통령의 차남 김현철과 국가안전기획부(국가정보원) 운영차장 김기섭 역시 이 사건에 연루되어 구속되는 상황이 발생해 집권 말기 김영삼 정부에 치명타로 작용했다.

수서비리 사건

정태수 회장은 1991년을 전후하여 노태우 정부 기간 동안 비리 사건의 대명사로 통하는 수서비리 사건에 연루됨으로써 그룹 회장에서 사퇴하는 수모를 겪기도 했다. 수서비리 사건은 수서택지개발지구 내 공공용지 3만 5,500평을 26개 주택조합에 특별 분양하기 위한 과정에서 정관계 인사들에게 무차별적인 로비를 펼침으로써 빚어진 특혜사건이다. 이 사건이 표면화되면서 서울시, 건설부, 정치권에 있던 많은 공직자들은 한순간에 범법자로 내몰리고 말았다.

한편 1991년 수서 사건 당시 서울시장이었던 고건 전 총리는 청와대의 거듭된 압력에도 특정 업자에게 특혜분양을 할 수 없다고 끝까지 버티다가 결국 경질되고 말았다. 정태수 회장의 로비의 힘이 어느 정도인지 확인할 수 있는 부분이다. 한마디로 '될 때까지는 로비를 한다'는 것이고 '돈으로 되지 않는 것은 없다'는 것이 정태수 회장의 로비에 대한 생각이다. 결국 한보그룹은 1991년에 자산 순위 32위까지 올랐다가 수서비리 사건으로 급락하였고 다시 30위권 내에 처음으로 진입하는 데 성공한 해는 수서비리 사건 이후 4년이 지난 1995년으로서 순위는 24위였다. 당시 한보그룹의 30대 재벌 재진입의 주역은 한보철강공업이었으며 아산만에 새 공장을 건설하는 중 중국 특수 등 철강 호황기를 만나 급성장하였다.

훗날 한보 청문회를 통해 밝혀진 이 사건은 당시 여당인 신한국당 소속 홍인길, 황병태 국회의원뿐만 아니라 야당소속이었던 정대철, 권노갑 국회의원을 비롯해서 김우석 내무부장관, 문정수 부산시장 등이 대출 관련 청탁 또는 국정감사 선처 청탁 등으로 뇌물 수수에 관여한 것으로 밝혀졌으며 그에 따라 대거 수뢰혐의로 구속됨으로써 큰 사회적 파장을 불러일으킨 사건이다.

〈당시 한보비리 사건의 청문회 모습〉

'깃털과 몸통'론으로 사람들의 입에 오르내린 이 사건은 김영상 대통령의 아들 김현철 씨의 구속으로 정점에 도달했다. 이후에도 비자금 은닉사건, 공금횡령 사건 등 다양한 사건들에 관여됨으로써 정태수 회장에게는 '비리백화점'또는 '로비의 귀재'라는 이름이 붙었다.

한보그룹의 부도

1997년 1월 23일에 엄청난 파장을 불러일으키면서 부도에 이른 한보철강은 그즈음 열연강판 시장에 참여하기 위해 제철소 건립에 5조 원 이상의 자금을 쏟아 부은 상태였다. 당시 세계 철강 시장이 침체에서 벗어나지 못하고 있었던 시점에서 한보철강이 검증받지 못한 철강

캐스팅(주물) 방식에 의해 열연강판 시장에 진출한다는 발표는 전문가들 사이에 많은 의구심을 불러일으켰다. 철강업계에는 한보의 경영능력이나 자금능력으로 미루어보아 무모한 투자라는 시각이 지배적이었다. 그리고 어떻게 엄격한 사업성 검증 없이 거액이 한보그룹에 대출될 수 있었던가에 대해 많은 사람들이 의혹의 눈초리를 가졌던 것도 사실이다.

초기 투자금으로 2조 2,800억 원을 염두에 두고 제철소 건립이 시작되었다가 2년 만에 5조 7,000억 원으로 불어나게 된다. 1994년 말 산업은행 주도로 11억 2,000만 달러의 외화를 대출받은 다음 해부터 급격히 늘어나기 시작하여 1995년에는 1조 4,300억 원, 1996년에는 2조원으로 늘어나기 시작하여 1995년에는 1조 4,300억 원, 1996년에는 2조 원으로 늘어가게 된다. 사업성에 대한 엄격한 평가도 없이 한보 측의 일방적인 내용을 수용한 채권은행단의 지원이 이루어지는 와중에도 한보그룹은 18개의 회사를 서립 또는 인수하는 일을 벌인다.

결과적으로 한보철강의 자금난이 본격화되기 시작한 1995년 11월 무렵에 계열사의 수는 모두 26개까지 늘어나 있었다. 남의 돈으로 제철소 사업을 추진하면서 동시에 남의 돈으로 계열사를 확장했다는 것이다. 1996년 11월 외부차입금이 약 5조 원에 이를 정도로 취약한 재무구조 때문에 제철소 완공 이후에도 적자경영이 불가피할 것으로 뒤늦게 판단한 금융기관이 기존 대출금의 회수에 나섬으로써 한보는 결국 최종부도 처리되고 말았다.

부도 이후 한보철강

자산관리공사(현 KAMCO)는 1999년부터 제일은행을 비롯한 5개 금융기관으로부터 한보철강 채권 3조 6,870억원을 1조 6,031억원에 매입하였고, 2000년 5월 1일 채권매각으로 간사금융기관이 제일은행에서 자산관리공사로 변경되었고, 1차 입찰을 통해 2000년 3월 8일 외국투자자인 네이버스 컨소시엄과 한보철강 매각을 위한 본 계약이 체결되었으나 2000년 10월 2일 네이버스 컨소시엄측이 당진부두 전용사용권 확보 등 채권단이 본 계약 이전에 해결해야 할 전제조건을 충족시키지 않았다는 이유로 계약파기를 통보하여 1차 매각이 실패로 돌아갔다.

2차 입찰에서 7개사로부터 입찰 의향서를 접수하여 3개사가 인수를 위한 실태조사를 실시하였고, 본 입찰결과 AK캐피탈을 우선협상 대상자로 선정하여 2002년 3월 26일 양해각서(MOU)를 체결하고, 상세실태조사를 거쳐 2003년 2월 12일 본 계약을 체결하였으나, AK캐피탈이 매매대금을 완납하지 못하여 2003년 11월 19일 AK캐피탈과의 자산매매계약은 자동해제되어 2차 매각도 실패로 끝났다.

3차 입찰을 추진하여 2004년 5월 27일 INI스틸(현재 (주)현대제철)-현대하이스코 컨소시엄을 우선협상대상자로 선정하고, 2004년 6월 1일 INI스틸-현대하이스코 컨소시엄과 매각주간사인 삼일회계법인 및 큐캐피탈홀딩스간 한보철강 자산매각을 위한 양해각서 체결 및 정밀실태조사 과정을 거쳐 2004년 7월 31일 8,771억원 자산매매계약이 체결되었고, 회사정리계획변경을 위한 관계인집회에서 채권단 가결이 매각의 필수요건이므로, 최대채권자이며 간사금융기관인 자산관리공사에서 전체 채권단의 의견을 수렴하여 2004년 9월 24일 회사정리계획 변경안이 가결되었으며, 2004년 9월 30일 INI스틸-현대하이스코 컨소시엄이 한보철강을 인수함으로써 계약이 종결되었으며, 부도 후 7년 만에 매각이 완료되어 한보철강의 경영정상화가 실현되었다.

4. 한보그룹의 시사점

〈"기업가에게 정의(正義)란 무엇인가?"〉

"수단은 목적을 합리화한다."는 논리를 현실에서 실천에 옮긴 대표적인 기업가인 정태수 회장은 필요하다면 어떤 수단과 방법을 동원해서라도 자신의 목표를 이루는 데 익숙한 사람으로서 필요한 경우에는 지위고하를 막론하고 돈을 질러주었던 인물이다. 게다가 "사업가들은 으레 저렇게 사업을 하는가 보다"라는 부정적인 인식을 심어준 기업가이기도 하다.

◇ 개인 상위 10위 고액체납자(단위 : 억원, 자료 : 국세청)

순위	체납자	과세 원인	체납액	세 목
1	정태수	한보그룹 광업권계열사 고가양도 건	2,225	증여세 등 5개
2	최순영	인정상여 자료 등(대한생명보험)	1,073	종합소득세 등 4개
3	정보근	한보철강 주식 수증분 무신고	645	증여세 등 5개
4	이홍용	2차 납세의무자	563	부가가치세 등 5개
5	정현준	인정상여 자료 등	470	종합소득세 등 6개
6	김삼일	2차 납세의무자	457	부가가치세 등 2개
7	전길동	인정상여 자료 등(아한실업)	402	종합소득세 등 5개
8	손몽필	인정상여 자료 등(한미건업)	398	종합소득세 등 4개
9	백윤택	2차 납세의무자	398	부가가치세 등 2개
10	김철호	2차 납세의무자	384	법인세 등 3개

◇ 법인 상위 10위 고액체납자(단위 : 억원, 자료 : 국세청)

순위	법인명	업종	대표자	과세 원인	체납액
1	프리 플라이트	제조업	성점숙	유사석유제품(세녹스) 관련	1,239
2	아이 베넥스	제조업	남효열	유사석유제품(세녹스) 관련	788
3	경빈 쥬얼리	도매업	박두영	금지금 관련 위장매입자료	647
4	성남상가개발	임대업	전영동	상가분양에 대한 법인세 무신고	609
5	고려금은	도매업	추문석	금지금 관련 위장매입자료	533
6	세원아이피	도매업	김삼일	금지금 관련	493
7	세진골드케스팅	도매업	한상희	수출용 지금 국내 불법 유통	481
8	청량리 현대코어	부동산	이웅희	자기주식처분손실 손금불산입	472
9	은성 쥬얼리	도매업	이인덕	금지금 관련	436
10	백윤 금속	제조업	백윤택	지금 도매상으로 위장매입자료	432

〈2000년도 고액체납자 목록 1위에 있는 정태수 전 한보그룹 회장〉

기업이란 것이 작은 규모를 넘어서게 되면, 크든 작든 간에 지속성장을 위한 정신이 살아 있어야 한다. 기업의 정신이란 곧바로 기업주의 가치관과 인생관 그리고 윤리관이 중요한 부분을 차지하게 된다. 장사꾼과 기업가는 엄연히 다를 수밖에 없다. 장사꾼 수준을 넘어서야 기업가가 될 수 있다고 본다. 前 한보그룹 정태수 회장은 진정한 기업가가 아닌 장사꾼에 그쳐버린 것이 아닐까? 아직까지 노구를 이끌며 해외 도피 생활을 하고 있는 사실 자체가 그를 기업가의 정의(正義)에 부합하지 않는 장사꾼이라 말해주고 있다.

결국 영속하는 기업은 장사와 다른 '그 무엇'이 있어야 한다는 점을 생각하게 된다. '그 무엇'의 핵심은 기업주가 갖는 기업에 대한 생각이자 믿음, 양심이나. 장사면 장사의 논리가 있다. 하지만 기업이라면 차원이 달라진다. 그저 돈이 된다고 해서 로비를 해서라도 무엇이든 되게 만든다면 이는 언젠가 그 비용을 톡톡히 지불할 수밖에 없다.

제 8장

국제

'고무신'에서 시작된 재계 7위 고속성장 '신화'

계열사 21곳의 거대기업이 5공화국 시절 해체되다

8장 | 국제

'고무신'에서 시작된 재계 7위 고속성장 '신화'

계열사 21곳의 거대기업이 5공화국 시절 해체되다

5공에서 공중분해된 국제그룹 복원본부 현판식을 다는 양정모 전 회장(왼쪽)과 김상준 전무. **경향포토뱅크 제공**

국제그룹, 재계 역사에 관심이 있는 독자라면 한번쯤은 들어봤을 법한 이름이다. '왕자표 고무신', '프로스펙스' 등 대한민국 신발 제조 역사에 획을 그은 브랜드가 이 국제그룹의 작품이다. 현재 창업주 양정모 전 국제그룹 회장과 그 아버지의 손끝에서 빚어진 고무신 신화의 흔적은 찾아보기 힘든 상황.

한창 잘나가던 시기 국제그룹은 재계 순위 7위의 거대 기업으로 아마 현재의 롯데그룹 정도의 위상이었다고 해도 무방할 듯하다. 문제는 이 같은 국제그룹이 하루아침에 해체되고 말았다는 것. 표면적으론 그때 당시 대다수 기업이 그랬듯 무리한 몸집 불기와 부실 경영이 원인이 됐다는 지적. 하지만 일부에선 국제그룹의 해체는 당시 전두환 정권에 의한 것이라는 주장도 제기되고 있다. 실제로 과거 국제그룹 해체와 관련해 헌법재판소가, 정부의 개입은 위헌 이라는 판결을 내리기도 해 이 같은 '미운털 해체'를 정설로 받아들이고 있는 여론이 여전히 존재하고 있는 실정. 대한민국 대표 비운의 그룹 국제그룹의 몰락을 짚어본다.

우여곡절 끝에 또 새 주인 찾아 나선 국제상사

- 1949년 12월 — 국제상사 설립
- 85년 2월 —— 전두환 정부, 부실기업 정리시책에 따라 국제그룹 해체 발표
- 86년 12월 —— 한일그룹 국제상사 인수
- 87~98년 —— 한일그룹 계열사로 프로스펙스 사업에 주력
- 98년 9월 —— 국제상사 부도
- 99년 1월 —— 창원지법, 국제상사 법정관리 시작
- 2000년 3월 — 한일합섬의 대주주 지분 무상 소각
- 2002년 6월 — 이랜드, 국제상사 채권단에서 국제상사 지분 45.2% 인수
- 2002년 10~11월 — 주식 장내 추가 매수, 총 51.8% 확보

- 2002년 10월 — 국제상사, 주식을 4000만 주에서 8000만 주로 늘리도록 정관 변경 (* 유상증자 뒤 매각하기 위한 포석)
- 2003년 1월 — 국제상사, 유상증자 후 매각 바탕으로 한 '정리계획 변경 신청' 창원지법에 제출
  - 2월 — 창원지법, 정리계획 변경 신청 허가
  - 3월 — 이랜드, 부산고법에 '창원지법의 정리계획 변경 허가에 대한 즉시 항고' 제출
  - 6월 — 부산고법, 창원지법의 허가 부당 판결, 국제상사는 대법원에 항고
- 2005년 6월 — 대법원, 국제상사 항고 기각, '창원지법의 허가 결정은 관계인(대주주인 이랜드) 집회를 거치지 않아 부적절' 취지
- 2006년 1월 — 이랜드, 별도의 국제상사 정리계획 대법원에 제출
  - 3월 — 창원지법, 유상증자 통한 국제상사 매각 재추진
  - 4월 — E1 · 효성 등 국제상사 인수 참여
  - 4월 7일 — 우선협상대상자로 E1 선정

1. 국제그룹의 역사

국제그룹은 지난 1949년 정미소를 경영하던 양태진 사장과 그 아들 양정모 전 국제그룹 회장이 부산에 설립한 국제고무공업사라는 회사에서 출발했다. 당시 국제고무가 시장에 내놓은 상품이 그 유명한 '왕자표 고무신'. 이 고무신 제조 사업을 모태로 성장시킨 기업집단이 바로 국제그룹이고 지주회사는 '국제상사'다.

국제그룹의 실질적 창업주 양 전 회장은 1921년 부산 출생이었기에, 국제그룹은 부산을 거점으로 성장해나갔다. 고무신 등 신발 제조업이 주력이던 이 회사는 한국전쟁 당시 군수품 납품을 통해 급성장했다.

1960~1970년대는 그야말로 국제그룹 성장의 절정기였다. 1962년 국제그룹은 국내 최초로 미국에 신발을 수출을 시작한 이래, 수출확대와 해외시장 개척에 주력했다. 이 같은 도전은 실제 성과로 이어졌고 국제그룹은 1960년대 말 매출총액에서 수출비중이 내수판매를 앞지르게 됐다. 이를 통해 국제그룹의 사업영역도 점차 다각화됐고, 1970년대 중화학공업 분야로도 진출하기에 이른다.

1975년 그룹 모회사 국제상사가 종합상사로 지정을 받은 이후 국제그룹은 전성기를 맞이했다. 1981년 수출 실적 8억600만 달러를 기록했을 뿐만 아니라 계열기업은 어느덧 21개로 늘어나 있었다. 국제상사, 연합철강공업(주), 국제종합기계, 풍국화학, 국제방직, 원풍산업, 조광무역, 성창섬유, 보고산업, 국제제지, 연합물산, 국제종합건설, 국제종합엔지니어링, 국제토건, 국제통운, 동서증권 등이 당시 국제그룹이 거느리던 계열사다. 국제그룹은 화학, 섬유, 건설, 종합상사 등 알짜배기 분야에 진출해 있고, 프로스펙스 등의 유명 브랜드까지 보유했다.

1980년대 초반 국제그룹의 위상은 그야말로 하늘을 찔렀다. 재계 순위 7위에 올랐을 뿐만 아니라 당시 국내 재계 수위를 다투는 기업들과 비교해도 전혀 꿀릴 게 없는 외형적 규모를 과시하기도 했다. 이를 뒷받침하는 대표적 예가 1982년 서울국제무역박람회에 설치됐던 국제그룹 전시관의 규모였다. 이는 국내 재계 원톱 현대그룹 전시관의 규모와 비슷했던 것으로 전해진다.

국제그룹이 사용했던 사옥만 봐도 당시의 위상을 유추할 수 있다. 국제그룹의 사옥이 있던 곳은 서울 용산구. 당시의 서울 용산구는 그야말로 노른자 땅이었다. 20층이 넘은 규모의 독특한 외양으로 유명했던 용산의 국제빌딩(현 LS용산타워)은, 국제그룹이 단독 사용하던 본사 건물이었다. 당시 국제그룹의 재계에서 차지하던 위치와 영향력을 고려해보면 현재의 롯데그룹이 차지하는 위상과 비슷하다는 지적이다. 부산을 거점으로 성장했으며 재계 순위 등을 고려해 볼 때 딱 들어맞는다는 평가다.

2. 국제그룹의 고속 추락

문제는 이 같은 국제그룹이 전성기를 맞이한 1980년대 허무할 정도로 쉽게 무너지고 말았다는 점이다. 당시 현재의 롯데그룹만큼이나 재계에 막대한 영향력을 행사하던 그룹이 힘 한번 못써보고 해체의 길을 걷게 된 것.

국제그룹이 해체된 시기는 지난 1985년 전두환 전 대통령의 5공화국 시절이었다. 당시 주력 계열사였던 국제종합건설, 동서증권은 극동건설그룹에, 나머지 계열사와 국제그룹 사옥은각각 한일그룹에 넘어가며 국제그룹은 공중분해되고 말았다.

국제그룹의 해체결정이 세간에 알려진 시점은 지난 1985년 2월21일. 당시 국제그룹의 주거래은행인 제일은행 이필선 행장이 긴급 기자회견을 열고 '국제그룹 정상화 대책'을 발표하면서다. 이 기자회견에서 국제그룹의 분해 방안 내용을 담은 유인물이 발표된 것. 국제그룹이 재무상태가 부실하기 때문에 해체가 불가피하다는 내용의 기자회견이었다. 당시의 기자회견은 그야말로 전격적으로 이뤄졌으며 이후 국제그룹의 해체 역시 그야말로 눈 깜짝할 새에 이뤄졌다. 이 기자회견 직후 앞서 이야기했듯이 국제그룹의 주력 계열사와 사옥이 타 기업으로 넘어갔고, 초거대 기업이 한순간에 사라지고 만 것이다.

국제그룹이 해체된 이유는 무엇일까. 우선 모회사 국제상사가 개발한 브랜드 프로스펙스도 그 원인으로 지목되고 있다. 프로스펙스 개발 이전 국제상사는 OEM 방식으로 자체 능력을 충분히 축적했다고 판단, 외국 바이어에 대한 의존도를 줄이고자 1982년 프로스펙스라는 독자 브랜드를 개발했다. 문제는 이 같은 프로스펙스가 큰 손실로 돌아왔다는 점이다. 국내시장에서 비교적 성공을 거두었지만 미국시장에서는 3000만 달러의 큰 손실을 보는 등 최악의 성적표를 받아들었기 때문이다. 또한 국제그룹의 위상을 대변해주던 용산의 사옥 신축도 그룹 해체를 촉진 시켰다는 지적이다. 총 600억원을 투입해 사옥을 신축했는데 임대가 난항을 겪으며 심각한 자금난을 겪게 됐기 때문이다. 특히 그룹경영에 참여한 사위들의 파벌, 갈등 또한 적지 않은 영향을 미쳤던 것으로 알려졌다. 무리한 몸집 불리기도 해체 위기를 야기시켰다. 본래 신발 제조 사업이 주력이던 국제그룹이 아무런 경험 없이 건설사업 등에 손을 댔고 이는 자금난 심화로 이어졌다는 것. 실제로 삼환그룹은 당시 사우디아라비아에서 추진한 2억 달러 규모의 공사에서 막대한 손실이 발생, 적자를 보충하기 위한 공사를 추진했으나 이마저도 실패하고 말았다. 이 같은 이유로 인해 당시의 국제그룹은 심각한 자금난에 시달리고 있던 상황. 이를 위해 국제그룹은 환매채라는 방법으로 증권사를 통해 약 1000억원의 자금을 조달해 사용하고 있었다. 문제는 1984년 12월 정부가 국제그룹에 대한 환매채 지원을 중단, 제일은행 광화문지점에서 1차 부도를 냈다는 것. 이후 1985년 2월 총선 시기를 앞두고 1300억원의 대출을 이끌어내며 국제는 한 차례 고비를 넘기는 듯했지만 같은 해 2월21일 제일은행 이필선 행장이 해체 결정 기자회견을 열었고, 이후 국제그룹의 와해가 현실화됐다.

미운 털 박힌 죄?

사업 실패, 무리한 차입 등이 국제그룹의 와해 원인이라는 지적이다. 하지만 해체 당시 그리고 현재에 이르기까지 일각에선 진짜 원인은 따로 있다는 목소리가 흘러나오고 있다.

〈예능프로그램 '아궁이(아주궁금한이야기)'에 언급된 '국제그룹 해체사건'〉

해체 직전인 1984년 국제그룹의 매출액은 1조7913억원, 수출액 9억3400만 달러, 직원 수 3만8800여 명의 그야말로 대기업이었다. 이 같은 초거대 기업이 뚜렷한 사전 조짐도 없이 넘어졌고, 기다렸다는 듯이 해체 작업이 진행되니 의문이 뒤따른 것은 당연한 수순. 이는 그 시절 정도의 차이는 있지만 거대 기업 대부분 차입과 문어발식 사업 확장에 따른 위험 부담을 안고 있었다는 인식이 있기 때문이다.

물론 국제그룹의 1984년 10월 기준 1조4458억 원의 부채를 안고 있었다는 것은 부정할 수 없는 대목이다. 이는 총 946.6%의 부채비율로 당시 10대 재벌 평균 부채비율이 527%를 기록했다는 점에 비춰볼 때, 국제그룹의 재무구조가 나쁘고 부실했던 것은 엄연히 사실이다.

문제는 국제그룹의 해체 과정에서 당시 5공화국. 즉, 전두환 정부가 개입했다는 의혹이 쉽사리 수그러들지 않았다는 점이다. 특히 훗날 양 전 회장이 국제그룹을 되살리기 위해 추진한 소송 과정에서 의혹을 뒷받침하는 주장이 제기됐고, 재판부가 국제그룹의 해체 과정에서 공권력이 과하게 개입됐다는 판결을 내리기도 해 논란의 불씨는 여전히 남아있는 실정이다. 결과적으로 말해 국제그룹 기획 해체 주장을 제기하는 여론은 양 전 회장이 전두환 정부에 미운털이 박혀 공중분해됐다는 입장이다. 업계 일각에서는 양 전 회장이 전두환 전 대통령의 심기를 불편하게 만들어 결국 그룹 해체로 이어졌다는 것을 정설로 받아들이는 여론이 여전히 존재하고 있다. 후문에 따르면 전형적인 자수성가형 기업인이었던 양 전 회장은 정계 사정에 어두웠고, 전 전 대통령 재임 당시 정부에 비협조적 태도를 보여 결국 눈 밖에 나고 말았다는 것.

양 전 회장이 당시 정권의 정치자금 헌납 등의 요구를 거부하고, 대통령이 직접 주재한 청와대 회의에 지각 참석하는 등의 일이 있었다는 설명이다. 특히 수차례 정치적 또는 기금 조성 목적의 자금 헌납 요구에 불응하던 양 전 회장이 더 이상 버티지 못하고 이를 어음으로 내면서 전 전 대통령이 크게 진노했고 이것이 그룹 해체 결정타로 이어졌다는 이야기도 있다.

여전한 미스터리

국제그룹의 해체된 지 약 30년의 세월이 흘렀지만 여전히 그 상세한 내막은 미스터리로 남아있다. 해체 이후 진행된 재판 과정에서 정부의 개입으로 인한 국제그룹의 해체는 위헌이라는 판결이 내려졌지만, 당시 국제그룹의 사정이 심각한 수준이었다는 것도 사실이기 때문이다.

하지만 대다수의 여론은 국제그룹의 와해는 당시 부패한 정권의 실상을 고스란히 드러낸 일대 사건이라는 인식을 갖고 있다. 한 기업의 운명을 시장 논리에 맡기지 않고 정부가 그룹 해체를 기획하고 개입해 실행에 옮겼다는 것은 납득할 수 없는 일이라는 지적이다.

3. 양정모 국제그룹 회장

양정모 전 국제그룹 회장은 재계에서 대표적인 '비운의 경영인'으로 꼽힌다. 1985년 자신이 공들여 키운 그룹이 해체됐을 뿐만 아니라, 그룹 회생을 위해 절치부심 노력을 했지만 어떤 성과도 거두지 못하고 별세했기 때문이다. 양 전 회장은 지난 2009년 3월29일 향년 88세로 영면했다. 노환에 따른 폐렴 증상으로 서울대병원 중환자실에 입원, 치료를 받아오다 끝내 숨지고 만 것이다.

양 전 회장은 생전 1985년 2월 국제그룹의 주거래은행이던 제일은행이 국제그룹의 정상화 대책 발표와 이어 진행된 그룹 해체 작업은 부당한 것이라는 의견을 피력하며 재기를 도모해 왔다.

실제로 양 전 회장은 전두환 정권에 이어 노태우 정권이 들어선 이후 국제그룹의 해체가 부당하다며 헌법소원을 제기했고, 지난 1993년 헌법재판소는 "정부의 공권력 행사가 기업활동 자유와 평등권을 침해했다"며 그의 손을 들어줬다. 하지만 국제그룹을 회생시키기엔 너무 늦은 시점이었다. 양 전 회장은 소송 과정에서 정관계 로비자금 유포 사건 등에 휘말리기도 했다.

더욱이 그가 지난 1994년 한일합섬을 상대로 제기한 주식인도 청구소송에서까지 패소했다. 이는 "정부가 기업활동의 자유를 침해한 것은 사실이나 이로 인해 개인 간의 계약까지 무효가 될 수 없다"고 재판부가 판단을 내렸기 때문이다. 또한 외환위기를 거치며 신한종금·동서증권이 문을 닫고, 국제상사와 국제그룹 빌딩 등을 가져간 한일그룹 역시 해체 운명을 맞으면서, 양 전 회장의 재기와 국제그룹의 회생은 실현 불가능한 꿈이 되고 말았다. 결국 양 전 회장은 재기의 꿈을 이루지 못하고 비운의 경영인으로서 삶을 마쳤다. 다만, 양 회장의 형제들은 여전히 경영 일선에서 재계의 중추 역할을 맡고 있다. 화인케미컬 등의 지주회사인 KPX 양규모 회장, 대한전선 양귀애 명예회장이 모두 그의 동생이다.

헌법재판소의 국제그룹 해체에 대한 판결

8. 국제그룹해체 사건

〈헌재 1993. 7. 29. 89헌마31 공권력행사로 인한 재산권침해에 대한 헌법소원, 판례집 5-2, 87〉

가. 사건의 배경

이 사건은 국제그룹해체를 위하여 행한 일련의 공권력의 행사가 권력적 사실행위로서 기업활동의 자유와 평등권을 침해한 것이므로 위헌이라는 결정을 내린 사건이다.

청구인은 주식회사 국제상사를 주력기업으로 하여 20여개의 회사를 계열기업으로 한 세칭 국제그룹의 창업자로서 국제그룹 계열사들의 주식을 소유하고 있었다. 그런데 1985년 제5공화국 정권하에서 국제그룹의 주거래 은행인 주식회사 제일은행이 국제그룹의 해체방침을 발표하고 그에 따른 일련의 후속조치로 국제그룹이 해체되었는데 국제그룹의 해체는 헌법상의 자유민주적 경제질서에 대한 관치행정의 표본으로 인구에 회자되어 왔으며 그 순수성 및 정당성이 의심되어 왔다.

청구인은 제5공화국 당시 재무부장관이 대통령에 보고하여 그의 지시를 받아 국제그룹의 해체와 인수업체를 결정한 다음 제일은행장등에 대하여 국제그룹계열사에 대한 은행자금관리에 착수하게 하고 계열사의 처분권을 위임받게 하는 등 해체준비를 지시하면서 동시에 국제그룹해체에 관한 언론발표를 지시하는 일련의 공권력행사로 인하여 청구인의 헌법상 기본권을 침해받았다고 주장하면서 공권력행사의 취소를 구하는 헌법소원심판을 청구하였다.

(헌법재판소 판례집 중 국제그룹해제 사건 관련내용 발췌)

지난 1993년 7월 29일 헌법재판소는 1985년 2월의 국제그룹 해체에 대해 "공권력이 힘으로 사기업을 해체한 것은 기업의 자율과 경영권 불간섭 원칙을 위배한 것이며, 재산권 침해"라는 결론을 내리고, 사실상의 위헌판결을 내렸다. 재계랭킹 7위의 국제그룹이 하루아침에 공중 분해된 이 사건은 5공 재계의 최대 화제였다. 당시 5공 정권의 핵심 인사들은 "우리가 군기 빠진 국제그룹을 날려버렸다"고 공공연히 떠들고 다닐 정도였다. 평생 피땀으로 일군 기업을 송두리째 빼앗긴 양정모 회장은 6공 노태우 정권이 들어서자 1988년 서울민사지방법원에 소송을 제기, 빼앗긴 기업 되찾기에 나섰다. 1991년 증거불충분으로 패소하자, 곧바로 헌법재판소에 헌법소원을 신청한 것이다. 위헌판결 이후에도 국제그룹과 관련된 소송은 끊임없이 진행됐으나, 이미 해체된 국제그룹을 되살리지는 못했다.

4. 국제그룹의 몰락에서 얻는 교훈

첫째, 방만한 경영과 무리한 기업확장을 들 수 있다. 전근대적인 가족경영에서 벗어나지 못하고 소위 사위 재벌을 대변하는 친족중심의 비능률적인 경영체제가 국제그룹 도산의 한 원인이라고 할 수 있다. 특히 경영자들의 내분도 문제였다. 그룹경영이 사위들에 의해 이루어졌는데 이들 사위간의 경쟁이 그룹 내부에 파벌을 조성하는 역할을 하였다.

둘째, 과도한 단기자금의 의존이다. 사옥의 신축등 장기 고정자산에 투자하는 자금을 단기성 자금으로 충당하다보니 항상 자금조달 난에 시달려왔으며, 단자회사의 여신 횟수가 본격화됨에 따라 결국 도산으로 치닫게 된다.

셋째, 해외공사의 부실을 들 수 있다. 국제그룹은 1987년 사우디 담만에 2억달러짜리 공사를 수주하였는데 건설업에 대한 경험과 노하우가 축적되지 못한 상태였기 때문에 현장 관리 미숙으로 4년 남짓한 공사기간으로 막대한 적자가 났다. 이와 같은 적자를 보충하기 위해 다른 공사에도 손을 대자 적자는 늘어날 뿐이었다. 이 같은 표면적인 이유와 달리 당시 항간에는 서슬이 퍼렇던 5공화국 고위층이 국제그룹의 도산에 상당한 영향력을 끼쳤다는 말이 있다.

〈국제그룹 해체와 관련된 5공화국 고위층의 밀담 SBS 보도자료 중〉

이 소문은 최근 들어 새로운 국면을 맞고 있다. 최근 헌법재판소가 국제그룹의 해체가 위헌이라는 판결을 내렸다. 물론 이같은 판결만을 가지고 국제그룹의 해체에 대한 정확한 원인을 단정하기는 힘들다. 그러나 위헌 판결을 당시의 소문을 간접적으로 입증하고 있다. 1983년 새마을 성금과정에서 양정모 회장이 그룹의 규모에 비하여 지나치게 적은 금액을 냈다던지, 1984년 12월 폭설로 인하여 청와대 오찬 만찬에 늦게 참석하였다던지, 2.12일 총선에서 부산지역의 야당성향과 당시 부산지역 상송인 대표였던 양정모 회장의 협조부속 등이 세상에서 화자되고 있는 소문이다. 이같은 원인들이 한데 어우러져 당시 권부의 핵심인사가 국제그룹에 좋지 않은 감정을 갖고 있었다는 이야기이다.

제 9장
대한전선

3대 경영세습의 '반면교사'
대한전선의 몰락

9장 | 대한전선

3대 경영세습의 '반면교사'

대한전선의 몰락

1. 설경동 회장은 누구인가?

함경북도 철산 출신으로 무산보통 학교를 졸업했다. 일본 오쿠라 고등상 업학교를 다녔지만 졸업을 하지 못했다. 1945년 혼자 남한으로 내려와 조선수산과 대한산업을 설립했다. 1953년 방직공장을 인수해서 대한방적주식

회사를 설립했다.1954년 대동증권을 설립했고, 같은 해 대한전선을 불하받았다

갑작스런 오너 회장의 죽음, 대한전선의 불행은 이렇게 출발했다. 2004년 3월 설원량 대한전선 회장이 숨졌다. 뇌출혈이었다. 향년 63살. 대한전선 창업주 설경동 회장의 3남으로 회사를 물려받아 삼성 LG 등과 치열하게 전쟁을 치러왔던 그였다. 전혀 준비되지 않은 채로 맞은 경영공백이었다.

2013년 10월 설윤석 대한전선 사장이 물러났다. 단순 퇴임이 아니라 경영권 포기를 선언했다. 설원량 회장 사망 이후 회사를 물려받은 지 정확히 9년 만에 대한전선의 설씨 3대 58년 역사는 그렇게 마감되었다. 우리나라 최초로 전선제조업을 시작해 1970년대에는 재계 서열 10위 안에 들었던 대한전선. 54년 흑자신화를 쌓았던 대한전선에서 도대체 무슨 일이 일어난 것일까? 대한전선의 비극은 3세 경영세습 시대를 눈앞에 두고 있는 재계에 많은 시사점을 던져준다. 특히 횡령 등의 혐의로 총수가 구속되어 '경영 공백'의 와중에서 젊은 3세 또는 4세들이 경영에 참여해 보폭을 넓히고 있는 한화그룹이나 CJ그룹 같은 경우는 대한전선을 '반면교사'로 삼기에 부족함이 없다.

2. 대한전선의 성장과 위기

전선에서 번 돈 전자사업에 투자

B2B(Business to Business·기업과 기업 간 거래) 기업이라 굳이 일반인에게 이름을 알릴 필요가 없다며 서울 회현동 본사 건물에 간판도 달지 않을 만큼 보수적인 경영 DNA를 가진 기업, 설립 후 53년간 단 한 해도 적자를 내지 않을 정도로 탄탄한 기업, 풍부한 현금을 바탕으로 1998년 외환위기 때도 흔들리지 않은 알짜 기업.

그런 대한전선이 2000년대 후반 왜 갑자기 무너졌을까.

대한전선 임직원들은 이 질문에 "설 사장의 아버지인 설원량 전 회장의 갑작스러운 죽음과 이후 전권을 쥔 전문경영인의 부실경영 탓"이라고 답한다. 무슨 일이 있었던 걸까. 대한전선의 핵심 사업인 전선사업은 꾸준한 현금 창출원이다. 회사 설립 후 지금까지 LG전선(현 LS

전선)과 시장을 양분하는 구도를 지켜왔다. 대한전선의 시장점유율은 약 25%로 LS그룹 계열 전선 기업군(LS전선, JS전선 등)에 이어 2위를 지키고 있다. 하지만 전선사업은 성장 속도가 느렸다.

대한전선은 전선에서 번 돈으로 1968년 가전과 반도체, 전화교환기 등 전자사업에 과감히 투자한다. 하지만 삼성과 LG에 밀리자 83년 사업을 대우그룹에 매각하고 과감하게 철수 결정을 내렸다. 이 사업은 이후 대우전자(현 동부대우전자)의 모체가 된다.

1990년대 초엔 알루미늄 열연사업에 뛰어들었다. 하지만 기술개발에 예상보다 많은 시간이 걸리자 99년 캐나다 회사와 합작법인을 만드는 방식으로 알루미늄사업부를 떼어냈다.

신(新)사업을 찾아 헤맨 끝에 대한전선은 2000년대 들어 과감하게 방향을 전환한다. 미국의 전설적인 투자자인 워렌버핏이 이끄는 투자회사 버크셔해서웨이를 벤치마킹한 것. 설원량 전 회장은 "투자는 하지만 경영에는 간섭하지 않는다"는 투자철학을 내세우며 사업 지주회사를 중심으로 뭉쳐 브랜드를 공유하는 '한국판 버크셔해서웨이'를 그룹의 새로운 모델로 내세웠다. 이후 국내 대기업에서 보기 어려웠던 사업 다각화 전략을 공격적으로 추진한다. 2002년 무주리조트를 인수한 뒤 속옷회사 쌍방울을 접수했다. 법정관리 중이던 소주회사 진로 인수전에도 뛰어들었다. 과감한 방향 전환이 본격화되는 시점에 대한전선은 뜻밖의 사태를 맞는다. 공격적인 경영전략을 진두지휘하던 62세의 설원량 회장이 수영을 하다 뇌출혈로 갑작스레 세상을 떠난 것.

설 전 회장의 사망으로 부인인 양귀애 여사가 고문 자리를 맡으며 회사를 경영했다. 한국 신발 수출의 신화인 국제그룹 양태진 창업주의 막내딸로, 서울대 음대를 피아노 전공으로 졸업한 뒤 35년간 주부로만 살던 그였다. 연세대 경영학과를 졸업하고 미국 유학을 준비 중이던 설윤석 사장도 유학을 포기한 채 과장으로 입사해 경영에 참여했다.

설 전 회장의 비서실장 출신으로 회사 경영을 이어받은 임종욱 부회장이 사실상 그룹 경영을 도맡다시피 했다. 임 부회장은 입사 후 재무 분야에서 오래 일해 회사 안살림을 꿰차고 있었다. 임 부회장은 2002년 대한전선 대표를 맡은 뒤 서울 남부터미널 땅, 대경기계, 남광토건, 온세텔레콤을 인수하는 등 수조 원대 인수합병(M·A)을 거침없이 결정했다. 하지만 무리한 투자로 곳간이 비기 시작했다. 급기야 여기저기서 '빚잔치'를 벌여 차입금이 눈덩이처럼 불어났다. 2005년 7700억 원이던 부채는 2008년 2조5100억 원으로 늘어났다. 이 과정에서 무모한 투자를 이끌었던 임 부회장은 회사 돈을 몰래 빼돌렸다. 자신의 지인이 빌린 돈을 대한전선 지주사인 삼양금속이 지급보증하도록 하는 것은 물론, 그룹 자금을 이용해 지인에게 돈을 대출했다. 이런 식으로 회사에 149억 원의 손해를 끼쳤다.

설원량 회장이 숨질 당시 대한전선은 매출 1조7천 억대, 영업이익 9백 억대로 크고 탄탄했다. 문제는 너무나 갑작스럽게 경영 공백이 생겼다는 점이다. 승계구도는 어떤 것도 준비되지 않았다. 후계자 리스크에 완벽히 노출된 것이다. 설윤석 사장은 당시 23살이었다. 연세대 경영학과 4학년에 재학 중이었다. 부인 양귀애씨가 회사를 맡기에는 경영 경험이 너무 없었다. 평생 주부로 살아온 탓이다.

3. 대한전선은 왜 무너져버린 것인가?

대한전선의 몰락은 한 문장으로 정리하면, "오너 회장 갑작스런 사망으로 후계 리스크에 무방비였다."고 할 수 있다.

결국 할 수 있는 선택은 전문경영인 체제였다. 설종량 회장 체제에서 2002년 대표이사로 취임했던 임종욱 사장이 경영을 맡았다. 설윤석 사장이 당시 유학의 꿈을 접고 기획전략팀 과장으로 경영 수업에 들어갔다. 양귀애씨가 회사 고문을 맡아 경영에 참여하면서 아들을 위한 후견인 역할을 했다. 매우 불안정한 체제였다. 완전한 전문경영인 체제도 아니고, 그렇다고 경영승계를 위한 과도기 체제도 아니었다. 이런 체제에서는 전문경영인이 마음대로 경영독주를 해도 '견제 시스템'이 작동하기 어렵다. 혹은 그룹 내에 '이중권력 구조'가 만들어져 합리적인 의사결정을 방해할 수도 있다. 우려는 현실이 되었다. 설종량 회장 아래에서 '사업 다각화'를 펼치던 임종욱 사장의 발걸음은 더욱 빨라졌다. 설종량 회장 당시 쌍방울과 무주리조트를 인수하고 성공한 경험이 오히려 독이 되었다. 사장에서 회장으로 올라간 임종욱 회장은 남광토건 온세텔레콤 등을 인수한 데 이어 서울 남부터미널 터도 사들였다. 2008년까지 대한전선이 인수합병에 투자한 돈만 해도 무려 2조원에 이르렀다.

전문경영인 견제장치 작동하지 않은 위험한 '오너 동거' 경영

임 회장의 독주 체제 속에서 무리한 사업 다각화 전략이었지만, 젊은 오너의 '동의' 없으면 불가능한 결정이라는 게 재계의 분석이다.

뒷날 임종욱 회장은 횡령 등 개인비리가 밝혀지고 법정에 서기도 하는데, 대한전선 쪽에서는 "임 회장의 전횡을 막지 못한 것이 대한전선의 몰락을 불렀다"고 했다. 하지만 임 회장의 겉으로 드러난 화려한 성공에 도취되어 오너 가족들이 전적으로 힘을 실어주었거나 아니면 묵인했을 것이라는 분석이 더 정확해 보인다. 정상적인 경영이라면 견제장치가 작동되어야 하는데도 그렇지 못한 것이 이를 말해준다는 얘기다. 실제로 이 기간에 설윤석 사장은 상무를 거쳐 경영기획부문 부사장을 거치는 등 고속승진을 했다. 2008년 글로벌 금융위기가 터졌다. 대한전선의 무리한 인수합병은 유동성 위기로 돌아왔다. 2009년 2771억원 당기순손실을 냈다. 차입액만 2조5000억 원에 이르렀다. 1년 전만 해도 700억 정도의 당기순이익을 냈는데, 곤두박질치고 만 것이다. 대한전선 54년의 흑자신화가 산산이 깨지는 순간이었다.

4. 대한전선의 몰락에서 얻는 교훈

창업주 유훈 어기고 무리하게 부동산에 손댄 대가?

대한전선의 몰락은 창업주의 유훈을 어긴 대가인지도 모른다. 창업주 설경동 회장은 5.16쿠데타 이후 군사정권으로부터 부정축재자로 몰려 경영일선에서 물러난 적이 있다. 창업주는 후손들에게 정치에는 발을 담그지 말고, 부동산 투자 등 본업이 아닌 사업에는 투자하지 말라고 당부했다. 그러나 대한전선은 54년 흑자로 구축한 현금을 부동산에 묶어놓고 말았다. 사업다각화라는 이름으로 말이다.

설씨 가문 품으로 돌아올 수 있을까

2008년 글로벌 금융위기가 닥치자 대한전선이 가지고 있던 부동산과 증권의 가치가 급락하면서 유동성 위기가 찾아왔다. 이듬해인 2009년 대한전선은 설립 후 첫 적자를 기록한다. 2799억 원의 순손실. 회사는 이때부터 주채권 은행인 하나은행과 재무구조 개선 약정을 맺고 3조 원 가까운 자산을 매각하며 구조조정을 진행해왔다.

양귀애 명예회장은 설윤석 사장을 입사 7년 만에 부회장으로 승진시키며 경영 전권을 쥐어줬다. 29세, 재계 최연소 부회장이었다. 젊은 나이에 무거운 짐을 진 설 사장은 말 그대로 팔 수 있는 자산은 모조리 팔며 회생에 나섰다. 무주리조트, 온세텔레콤, 노벨리스코리아, 시흥 공장토지 등 계열사와 자산을 매각했다.

2011년엔 그룹의 새 비전을 선포하고 충남 당진에 전선공장을 세우는 등 재도약을 다짐하기도 했다. 하지만 그룹을 살리기엔 역부족이었다. 설 사장은 부회장에서 스스로 사장으로 내려앉았다. 대한전선의 부채는 여전히 1조4000억 원가량 남았다. 영업이익으로 이자도 못 내는 상황에서 자본 완전잠식 위기가 다가오자 스스로 퇴임을 결심한 것이다. 대한전선은 다시 설씨 가문 품으로 돌아올 수 있을까. 대한전선은 "설윤석, 윤성 형제→대청기업→큐씨피6호", "사모펀드→대한광통신→대한전선"의 연결고리를 갖고 있다. 설윤석, 윤성 형제는 대청기업 지분을 각각 50%씩 소유하고 있다. 이 회사는 큐씨피6호의 지분 34.9%를 갖고 있으며, 큐씨피6호는 다시 대한광통신 지분 38.4%를 갖고 있다. 대한광통신은 대한전선의 지분 11.4%를 가진 최대주주다.

설씨 가족이 직접 소유한 대한전선과 대한광통신 등의 지분은 모두 담보로 잡혔지만 대청기업과 사모펀드 지분은 여전히 남아 있다. 설 사장과 대청기업은 큐씨피6호의 대한광통신 지분 절반을 되살 수 있는 콜옵션도 지녔다. 이에 따라 지분을 다시 사들여 재기할 가능성도 거론된다. 그러나 설 사장이 대한전선 지분 외에 가진 자산이 많지 않고 대청기업의 현금창출 능력이 떨어지는 점도 걸림돌이다. 설 사장과 대청기업이 가진 큐씨피6호의 지분도 후순위이기 때문에 펀드가 손실이 나면 빈손이 된다. 또 대한전선 회생 과정에서 주채권 은행이 채권을 주식으로 전환하는 출자전환과 감자를 단행하면 사모펀드의 지분이 희석되기 때문에 이 같은 회생 시나리오는 실현되기 어려울 것이라는 전망이 지배적이다.

사라진 대기업의 '무소불위 기업오너'
- 웅진그룹, STX그룹, 팬택, 대한전선 -

최근 3년 동안 유동성 위기로 몰락했던 이들 기업은 오너 의존도가 지나치게 높았다는 공통점을 지녔다.

그룹의 규모가 급성장했는데도 조직력이나 시스템에 의해 운영됐다기보다는 기업오너 1인에게 의존해 모든 의사결정이 내려졌고 결과적으로 중견기업에서 더 뻗어나가지 못한 채 회사가 공중분해 되거나 매각되는 비운을 맞았다. 국내 기업들이 글로벌 기업으로 성장하지 못하고 중도 탈락하는 이유 중 하나는 바로 오너에 대한 의존도가 지나치게 높았다는 점이다. 웅진그룹의 경우 2006년 태양광 사업 진출, 2007년 극동건설 인수, 2008년 서울저축은행 인수 등 공격적으로 사세를 확장했지만 윤석금 당시 회장의 카리스마에 눌려 시장 상황을 직언하는 임직원은 드물었다. 감사나 사외이사도 견제기능을 제대로 하지 못했고 오너가 듣기 좋은, 그러나 검증되지 않은 미래 청사진을 제시하는 젊은 유학파 컨설턴트 출신 인사들이 속속 등용됐다.

그러는 사이 2012년 극동건설의 1차 부도를 시작으로 웅진홀딩스, 웅진코웨이 등이 매각 또는 법정관리를 신청하며 그룹 해체의 길로 접어들었다. 강덕수 전 STX 회장도 인수·합병을 통해 재계 12위 총수까지 오르며 한때 '샐러리맨의 신화'로 불렸지만 총수 1인에 의존한 무리한 투자 전략으로 글로벌 경기 불황의 후폭풍을 극복하지 못한 채 유동성 위기를 겪으며 몰락하고 말았다.

오너 1인에 의존한 경영 리스크가 증폭된 이유는 집단 의사결정을 내려야 할 이사회가 지나치게 무기력하고 책임회피에 급급하다는 사실과 무관하지 않다. 실제로 공정위 조사 결과 최근 1년간(2013년 5월~2014년 4월) 상장회사 238개사의 이사회 안건 5718건 가운데 사외이사의 반대로 원안이 부결된 안건은 단 3건(0.05%)에 불과했다.

수정의결(5건), 보류(5건), 조건부 가결(2건) 등 일정한 영향력을 행사한 안건도 12건에 불과했다. 원안대로 가결되지 않은 안건은 2012년 36건에서 2013년 25건으로 매년 줄어들고 있는 추세다. 대주주의 전횡을 견제·감시하기 위한 제도적 장치들이 보완돼 왔지만 사외이사들은 여전히 거수기 역할에 머물고 있다는 의미다.

물론 오너 경영이 반드시 폐해만 낳는 것은 아니다. 한국식 오너 경영과 이에 따른 기업 성장은 최근 미국과 일본, 중국에서도 롤모델로 연구할 만큼 장점이 많은 것도 사실이다. 신속하면서도 책임감 높은 의사결정이 가능한 데다 임직원들의 충성도가 높은 일관된 조직문화를 만들 수 있기 때문이다. 한국에 추월당한 일본의 전자기업들이 가장 큰 패착요인으로 꼽은 것도 바로 "한국처럼 신속한 의사결정이 일본 기업들에는 결여됐다"는 점이었다. 하지만 오너 1인에 대한 의존도가 지나칠 경우 오너 일가가 회사 경영을 전횡할 수 있는 황제경영이라는 리스크가 증폭된다. 임직원이나 주주들이 반대해도 자신의 의견대로 의사결정을 내릴 수 있는 데다 회사 내부 문제점을 제대로 인식하지 못하거나 새로운 기업 문화를 도입하는 데 물리적으로 한계가 있기 때문이다.

참고문헌

〈검색자료〉

네이버 (www.naver.com)
다음 (www.daum.net)
구글 (www.google.com)
국회도서관 (www.nanet.go.kr)
국립중앙도서관 (www.nl.go.kr)

〈기사자료〉

조선일보 (www.chosun.com)
중앙일보 (www.joongang.co.kr)
동아일보 (www.donga.com)
한겨레신문 (www.hani.co.kr)
매일경제 (www.mk.co.kr)
한국경제 (www.hankyung.com)
헤럴드경제 (biz.heraldcorp.com)
연합뉴스 (www.yonhapnews.co.kr)
한국일보 (www.hankookilbo.com)
코리아헤럴드 (www.koreaherald.com)
경향신문 (www.khan.co.kr)

〈논문, 도서자료〉

공병호, 『공병호의 대한민국 기업흥망사』, 해냄출판사, 2011
박상익, 조성구 외, 『한국대표기업집단』, 퍼플, 2014
김우중, 『세계는 넓고 할 일은 많다』, 김영사, 1989
Kenneth Laudon, 『경영정보시스템의 이해』, 한티미디어, 2011
Frank T. Rothaermel 외, 『최신 경영전략』, McGraw-Hill, 2014

장세진, 『글로벌경쟁시대의 경영전략』, 박영사, 2005
동아일보 경제부, 『한국 대기업의 리더들』, 김영사, 2002
대우세계경영연구회, 『대우는 왜?』, 북스코프, 2012
석혜원, 『대한민국 경제사』, 미래의창, 2012
한종해, 『망해도 잘사는 부자들』, 생각비행, 2015
강준만, 『한국 현대사 산책 1990년대편 3』, 인물과사상사, 2006
김병욱, 『실패기업, 실패 대기업 CEO의 실패 리더십』, 킴스정보전략연구소, 2015
한국교육학술정보원 학술연구정보서비스 관련 논문
〈보도자료〉
두산백과사전, 공정거래위원회
금융감독원 전자공시시스템
한국은행 보도자료
한국신용평가 보도자료
헌법재판소 보도자료
SBS 보도자료
연세대학교 특강 보도자료
팬택 언론보도자료

〈기타자료〉
관련 회사별 홈페이지상의 조직도, CI, 기업로고, 회사소개자료 등

한국의 사라진 대기업

1판 1쇄 2015년 9월 25일
2판 1쇄 2016년 8월 3일

지은이 | 박상익, 서동우, 하성진

발행인 | 고민정
펴낸곳 | 한국전자도서출판
주 소 | 경기도 구리시 건원대로 92,
114동 303호 출판그룹 한국전자도서출판
홈페이지 | www.koreaebooks.com
이메일 | contact@koreaebooks.com
팩 스 | 0507-517-0001
원고투고 | edit@koreaebooks.com
출판등록 | 제2015-000004호

ISBN 979-11-86799-13-0 (03320)